坐人气列车游世界遗产

〔日〕樱井宽 著

秦 衍 译

上海文艺出版社

写在搭乘火车之前

我对火车旅行情有独钟。人们对铁路的爱好表现在许多不同的方面，如铁路摄影、火车模型、时刻表、虚拟旅行、收集车票、铁路纪念品、铁路动漫人形、沿废弃铁路徒步旅行、火车车厢等，形形色色。而我却对乘坐火车感到无比的快乐。除了奈良县的樱井线以外，我乘坐过日本铁路公司(JR)的全部线路，还乘坐过其他 86 个国家的火车，总距离长达 22 万公里。

然而，虽然在计划出游以及乘坐火车时十分愉快，但在火车到达终点的一瞬间会感到一种莫名的寂寞。任何火车在到达终点站前都有行驶的目的地，然而到达的那一瞬间，火车的形骸还存在，火车的灵魂却灰飞烟灭了。无论是什么列车，旅客都已无法继续旅行了。

不管是乘坐仙后座号列车一号车厢一号单人包间的“观景套房”到达扎幌，还是乘坐西伯利亚铁路列车的一等卧铺到达莫斯科亚拉斯拉夫站，我总会陷入深深的寂寞。但是如果有一个深爱的恋人在终点为你守候，你还会感到寂寞吗？于是我开始假想一个等待在终点站的恋人。

不是每个港口，而是每个终点站都有恋人的话，实在难以招架，但我的恋人名叫“世界遗产”。这样不仅不会伤害哪个姑娘的感情，还显得很有学术价值。

本书收录了至今为止我乘火车参观过的 77 处世界遗产。事实上，世界上约有 900 项世界遗产，虽然我没有搭乘火车走遍所有的世界遗产，但是这值得尝试。

另外，在本书截稿之后，我想介绍一下乘坐过的意大利新型列车。

列车是 NTV（Nuovo Trasporto Viaggiatori）高铁公司的 ITALO 高铁。本书介绍的红色箭头号是旧意大利国铁旗下的意大利铁路公司的列车。而 NTV 公司是私营高铁公司，投资人中有法拉利集团的总裁 Luca Cordero di Montezemolo、意大利著名皮革品牌 Tod's 的总裁 Diego Della Valle 等著名实业家。

由于在日本没有先例，因此难以说明。可以这么说吧，如同在日本铁路公司的铁路上行驶其他铁路公司的新型高速列车。因而，车辆、车费和服务都不相同，乘客可以按照自己的喜好来选择列车。以往由意大利铁路公司（事实上，日本铁路公司也垄断了日本的铁路）垄断的铁路市场，出现了一个有力的竞争对手。

您如果想去本书第 52 至 59 页上介绍的意大利的世界遗产，都可以乘坐 ITALO 高铁到达。请比较两种列车后再搭乘，这样我保证您参观世界遗产的铁路之旅将会更加充实。

照片摄于挪威沿岸快船海达路德邮轮集团 Vesteralend 号 340 号房间。

2013 年 3 月

樱井寛

东方快车 VSOE

目录

第一章 世界遗产名录中的铁路

塞默林铁路（奥地利）

第二章 欧洲的世界遗产 坐火车去

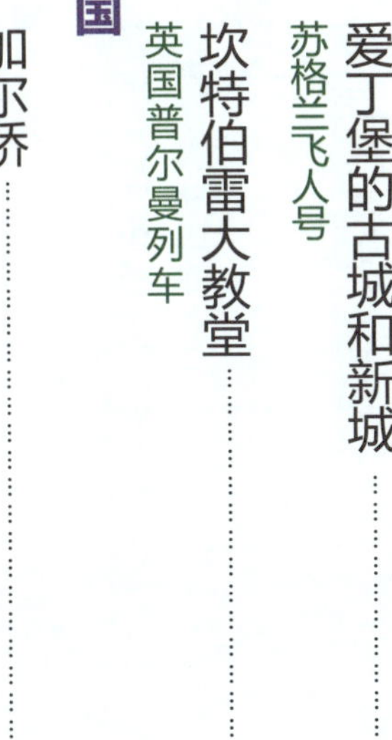

威尼斯（意大利）

第三章 坐火车去非洲的世界遗产

第四章 亚洲的世界遗产 坐火车去

布达拉宫（中国）

自由女神像（美国）

第六章 南北美洲的世界遗产 坐火车去

[主要参考文献]

《世界遗产年报 2012》（日本教科文组织编、日本教科文协会联盟世界遗产年报 2012 顾问团体监修，东京书籍出版社）
《21 世纪世界遗产之旅》（小学馆出版社）
《Thomas Coook 欧洲铁路时刻表 2013 年冬季春季号》（大宝石出版社）
《走遍全球》系列（大宝石出版社）
《世界铁路之旅》（樱井宽，小学馆出版社）
《世界豪华列车之旅》（樱井宽，小学馆出版社）
《世界的铁路》（公司法人海外铁路技术协力协会）
《世界的地铁》（公司法人日本地铁协会）
《世界的 LRT》（三浦干男、服部重敬、宇都宫净人、JTB 出版社）

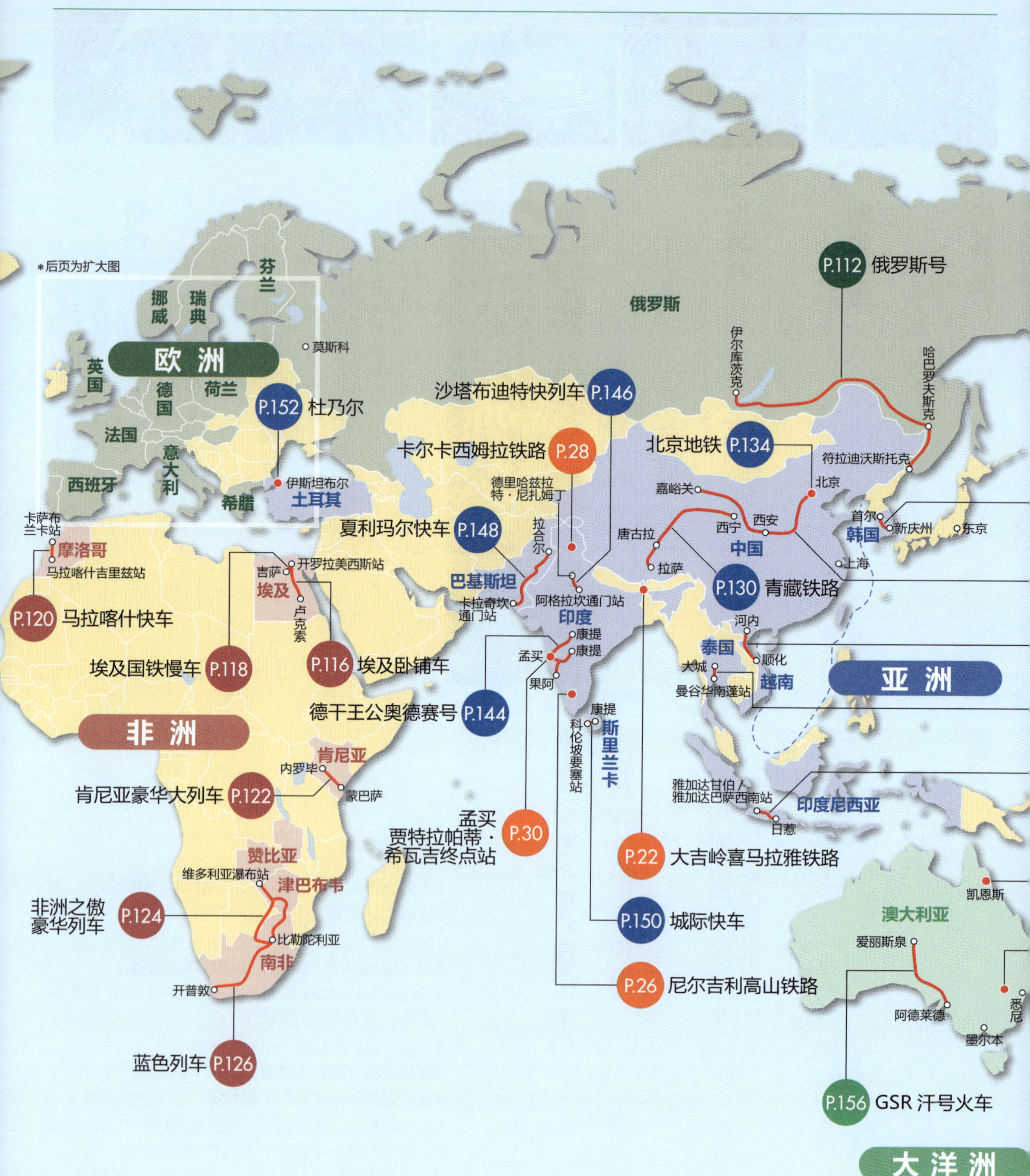

*后页为扩大图
欧洲
英国
挪威
瑞典
芬兰
德国
荷兰
法国
西班牙
意大利
希腊
莫斯科
P.152 杜乃尔
伊斯坦布尔
土耳其
俄罗斯
P.112 俄罗斯号
伊尔库茨克
哈巴罗夫斯克
符拉迪沃斯托克
沙塔布迪特快列车 P.146
卡尔卡西姆拉铁路 P.28
德里哈兹拉特·尼扎姆丁
北京地铁 P.134
北京
嘉峪关
西宁
西安
唐古拉
拉萨
中国
上海
首尔
新庆州
东京
韩国
P.130 青藏铁路
夏利玛尔快车 P.148
拉合尔
巴基斯坦
卡拉奇坎通门站
阿格拉坎通门站
印度
康提
孟买
果阿
德干王公奥德赛号 P.144
科伦坡要塞站
斯里兰卡
孟买贾特拉帕蒂·希瓦吉终点站 P.30
P.22 大吉岭喜马拉雅铁路
P.150 城际快车
P.26 尼尔吉利高山铁路
河内
顺化
泰国
大城
曼谷华南蓬站
越南
亚洲
雅加达甘伯人
雅加达巴萨西南站
日惹
印度尼西亚
卡萨布兰卡站
摩洛哥
马拉喀什吉里兹站
P.120 马拉喀什快车
吉萨
开罗拉美西斯站
埃及
卢克索
埃及国铁慢车 P.118
P.116 埃及卧铺车
非洲
肯尼亚
内罗毕
蒙巴萨
肯尼亚豪华大列车 P.122
赞比亚
维多利亚瀑布站
津巴布韦
非洲之傲豪华列车 P.124
比勒陀利亚
南非
开普敦
蓝色列车 P.126
凯恩斯
澳大利亚
爱丽斯泉
阿德莱德
悉尼
墨尔本
P.156 GSR 汗号火车
大洋洲

铁路索引图

P.172 VIA 加拿大号
加拿大
杰士伯
温哥华
西雅图
P.170 纽约地铁 B 号线
美国
纽约
芝加哥
华盛顿
大峡谷
P.168 大峡谷铁路
洛杉矶
威廉姆斯
P.178 UFC 卡萨布兰卡线
哈瓦那
马坦萨斯
古巴
墨西哥
墨西哥城地铁 P.174
墨西哥城
P.176 巴拿马运河铁路
巴拿马
南北美洲
秘鲁
巴西
坡罗依
马丘比丘
库斯科
海勒姆·宾厄姆号 P.180
普诺
安第斯探险者号 P.182
里约热内卢
科尔科瓦多山登山电车 P.184
P.136 高速列车 KTX
P.132 丝绸之路特快
P.140 统一快车
P.138 泰国国家铁路慢车
P.142 行政特快
P.160 库兰达观光火车
P.158 曲折铁路
奥克兰
国家公园
新西兰
P.162 北方探险号
基督城
格雷茅斯
P.164 阿尔卑斯山号

铁路索引图

NSB 布吕根快车 P.92
英国普尔曼列车 P.46
爱丁堡威弗利站
苏格兰飞人号 P.48
英国
利物浦莱姆大街站
约克
英国
维珍列车 P.50
伯明翰
伦敦国王十字站
伦敦尤斯顿站
伦敦维多利亚站
坎特伯雷
高速列车大力士 P.72
巴黎北站
巴黎蒙巴纳斯站
雷恩
巴黎里昂站
TGV 大西洋线 P.40
法国
TGV 东欧线 P.42
欧 洲
短途高速列车 Avant P.84
❶ P.34 雷蒂亚铁路
❷ P.64 少女峰铁路集团
❸ P.66 SBB 与 MOB 铁路
塞哥维亚新站
TGV 地中海线 P.44
尼姆
马德里查马汀站
马德里阿托查站
巴塞罗那桑兹站
塔拉戈纳
葡萄牙
里斯本有轨电车 P.88
里斯本
P.86 短途高速列车 AVE
西班牙
高速列车塔尔高 P.82

P.110 新型高速列车 Allegro
芬兰
P.94 弗洛姆铁路
挪威
瑞典
弗洛姆
布吕根
米达尔
奥斯陆中央站
赫尔辛基市内电车与渡轮 P.98
赫尔辛基中央站
圣彼得堡芬兰
俄罗斯
塔林
P.100 塔林有轨电车
爱沙尼亚
SL（斯德哥尔摩地铁）P.96
P.102 里加有轨电车
莫斯科白俄罗斯
拉脱维亚
里加
P.90 DSB（丹麦国家铁路）
P.104 立陶宛铁路
丹麦
哥本哈根
立陶宛
P.74 SNCB（比利时国家铁路）
维尔纽斯
明斯克
白俄罗斯
P.76 NS（荷兰铁路）
P.108 柏林华沙快线
P.78 阿姆斯特丹有轨电车
柏林中央
华沙中央
荷兰
阿姆斯特丹中央站
P.60 高速 ICE
波兰
鹿特丹罗姆巴代金站
德国
P.106 布拉格有轨电车
乌克兰
科隆
法兰克福中央站
P.68 ÖBB 铁路喷射列车
美因茨中央站
布拉格
捷克
P.62 IC 与 KD 莱茵
P.70 维也纳有轨电车
斯洛伐克
摩尔多瓦
斯特拉斯堡
慕尼黑
萨尔茨堡
因斯布鲁克
维也纳西站
P.32 布达佩斯地铁 1 号线
苏黎世
塞默林
布达佩斯
瑞士
奥地利
匈牙利
P.18 塞默林铁路
因特拉肯东站
库尔
洛桑
蒙特勒
少女峰鞍部站
蒂拉诺
斯洛文尼亚
罗马尼亚
里昂
P.52 东方快车 VSOE
米兰中央站
克罗地亚
威尼斯桑塔露琪亚站
波斯尼亚和黑塞哥维那
塞尔维亚
P.152 杜乃尔与有轨电车
博洛尼亚
保加利亚
佛罗伦萨 SMN 站
比萨中央站
黑山
伊斯坦布尔
科索沃
意大利
罗马
马其顿
P.58 FS 短途慢车
阿尔巴尼亚
土耳其
那不勒斯加里波第广场
庞贝古城神秘庄园站
希腊
P.56 高速列车红色箭头
P.80 雅典地铁
雅典
P.54 维苏威周游铁路

本书的使用方法

题名
介绍国名、铁路线路、世界遗产景点。

世界遗产名称
介绍联合国教科文组织登录的英文名。

列车数据与行驶路线
介绍游玩世界遗产的推荐路线及相关信息。费用和所需时间仅供参考。

法国

圣米歇尔山及其海湾

TGV大西洋线

Mont-Saint-Michel and its Bay

列车数据与行驶路线

列车名	TGV大西洋线
运营公司	法国国家铁路局（SNFC）
起始站	巴黎蒙巴纳斯站
终点站	雷恩站
车费	一等座：111欧元 二等座：63欧元
行驶距离	365km　行驶时间　2小时14分
轨距、是否电气化	1435mm，电气化
URL	www.tgv-europe.com
备注	TGV全车座位对号入座，需要预约座位。雷恩至圣米歇尔山可以搭乘Keolis Emeraude公司的巴士，约1小时20分。（1天往返3、4趟）。

通向法国世界遗产的代名词“圣米歇尔山”的旅行，始于巴黎蒙巴纳斯火车站。巴黎有6个火车站，蒙巴纳斯火车站位于塞纳河左岸、巴黎唯一的摩天大楼对面。车站具有新潮时尚的外观设计。

我在这个车站乘坐法国高速列车（TGV）大西洋线的列车。这趟列车在1989年通车时，便达到了300公里的世界最高时速（当时），令人咋舌。我们日本人相信新干线是世界第一的，但日本赶超每小时300公里的速度，是8年后的1997年。然而，日本刚达到这个速度，法国马上提速到每小时320公里。似乎日本无论怎么努力，也无法与法国抗衡。

SNCF

左右对称的雷恩车站，站内有不少流行商铺。

从巴黎发车到达雷恩站的TGV大西洋线列车

驶离巴黎15分钟左右，展现在眼前的是一片片平坦辽阔的农田。正因为这样的地形，在法国列车可以高速行驶，但车窗外的景色相对单调乏味。

TGV列车飞驰在辽阔的大地上，最终到达布列塔尼地区的首府所在地雷恩。雷恩地处汽车24小时拉力赛举办地勒芒的下一站，也是生产著名的雪铁龙汽车的工业城市。

40

标志
介绍相应的铁路标志和列车车厢。

说明文字
介绍各条铁路和景点概要，并穿插历史背景与笔者旅行途中的经历。

▼本书分六章介绍了世界遗产名录中的铁路、通往世界遗产的铁路、行驶在世界遗产地区中的铁路。

▼各章节精选了大量图片，介绍了各景点的情况、车窗外可以欣赏的重要景点和观赏方法，以及笔者旅游途中的亲身经历。

▼“列车数据与行驶路线”中详细介绍了各路线信息。

▼各种火车数据来自笔者采访时所得信息以及现在（2013年3月）可以确认的信息。火车时刻表和车费经常会发生变动，建议您乘坐前再次确认最新情况。

世界遗产介绍

▼“世界遗产”由 1972 年第 17 届联合国教科文组织大会通过的《保护世界文化和自然遗产公约》定义为：“以保护人类文化与地球自然为目标，进行全球性合作的行动”。

▼世界遗产按其内容分为以下三种：

文化遗产

具有突出的普遍价值的纪念物、建筑物、考古遗址、文化景观等。

自然遗产

具有突出的普遍价值的地形、地质、生态环境和濒危动植物物种栖息、生长的地方。

混合遗产

同时具有文化遗产与自然遗产两者的价值。

日本的世界遗产（2012年统计）

自然遗产	知床半岛
自然遗产	白神山地
文化遗产	平泉—象征著佛教净土的庙宇、园林与考古遗址
文化遗产	日光的神社与寺院
自然遗产	小笠原群岛
文化遗产	白川乡与五箇山的合掌造聚落
文化遗产	古都京都的文化财（京都、宇治和大津）
文化遗产	法隆寺地域的佛教建筑物
文化遗产	古都奈良的文化财
文化遗产	纪伊山地的灵场和参拜道
文化遗产	姬路城
文化遗产	石见银山遗址及其文化景观
文化遗产	原子弹爆炸圆顶屋
文化遗产	严岛神社
自然遗产	屋久岛
文化遗产	琉球王国的城堡以及相关遗产群

日本的世界遗产：严岛神社的大牌坊

日本的世界遗产：石见银山的五百罗汉

第一章

①雷蒂亚铁路（瑞士）
②布达佩斯地铁一号线（匈牙利）
③孟买 GST 火车站（印度）
④大吉岭喜马拉雅铁路（印度）

世界遗产名录中的**铁路**

奥地利

塞默林铁路

Semmering Railway

列车数据与行驶路线

运营公司	奥地利国铁（ÖBB）
起始站	维也纳迈德灵站
终点站	塞默林站
车费	一等座：37.70欧元　二等座：21.50欧元
行驶距离	100km
行驶时间	1小时11分（乘坐RJ/EC列车时）
轨距,是否电气化	1435mm，电气化
URL	www.oebb.at

备　注　维也纳至塞默林之间 RJ/EC 1 天往返 5、6 趟。乘坐普通火车（R）需在派尔巴赫赖兴瑙岛换乘，耗时约 1 小时 50 分。RJ/EC 无需预约，一等座和二等座都可凭车票或铁路通票乘坐。也可以提前预约座位（需另付费用）。

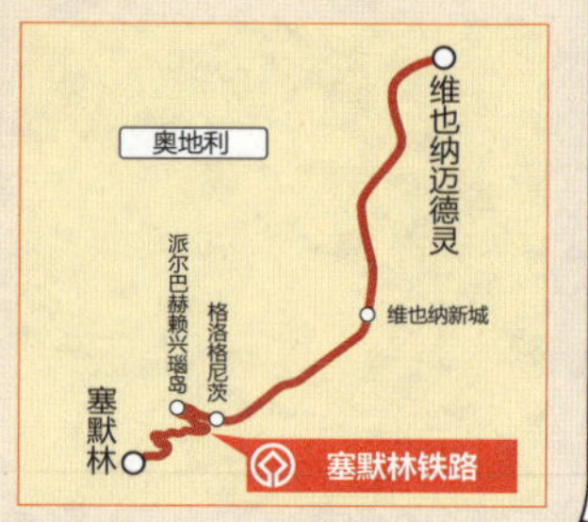

1988 年，奥地利的塞默林铁路成为第一条被列为世界遗产的铁路。入选原因为："它是第一条成功跨越阿尔卑斯山山脉的铁路。"该铁路建成运营是在铁路诞生后不久的 1854 年，当时英国刚刚开始运营使用铁路。在那个时代，没有人相信火车可以跨越阿尔卑斯山脉。然而，意大利人卡尔·里特尔·冯·盖加勇敢地发起了挑战。他采用大胆创新的施工方法，如设计了将陡坡变得平缓的 S 形弯道、火车几乎绕一个圈行驶的马蹄形弯道、如同古罗马遗迹一般的 17 座拱桥和 15 个隧道，耗时六年，建成了塞默林铁路。

ÖBB

用德语和英语双语书写的世界遗产标牌

该铁路位于首都维也纳西南 100 公里处费斯巴赫的阿尔卑斯山中，但却是连接首都维也纳和奥地利第二大城市格拉茨的干线铁路的一部分。每隔一个小时就有 EC 列车（国际特快）和 IC 列车（国内特快）发车，频繁往来于两城市之间。部分国际特快、国内特快列车也在塞默林站停靠，但建议您乘坐被称为"City Shuttle"的近郊火车。停靠站多、速度慢，因此能细细品味塞默林铁路的沿途风光。

ÖBB 奥地利国铁的国际特快列车正在跨越卡特瑞恩高架桥。

从维也纳迈德灵站发车的近郊火车穿越郊区

奥地利国铁的 EC（国际特快）行驶在初夏的塞默林铁路上，山路上红色车厢格外引人注目。

的田园地带，经过 1 小时 20 分到达格洛格尼茨站。车站里悬挂着人们引以为傲的世界遗产的标牌。从格洛格尼茨站经过塞默林山岭到达米尔茨楚施拉格站，全长 41.8 公里的铁路就是世界遗产塞默林铁路。站前广场上展示着曾经翻山越岭、威风一时的吉赛尔烟囱蒸汽火车头。

展示在格洛格尼茨站的吉赛尔烟囱蒸汽火车头

驶出格洛格尼茨站的火车终于面临翻越塞默林山岭的挑战。火车驶过马蹄形铁

塞默林铁路的功臣卡尔·里特尔·冯·盖加的浮雕（左）和肖像画（右）。

轨路线，蜿蜒地攀高，驶过充满古罗马时代气息的双层石拱桥卡特瑞恩高架桥，穿越全长1400米的塞默林隧道，最终到达山顶上的塞默林站。

踏上站台，迎面而来的是卡尔·里特尔·冯·盖加的纪念碑，纪念这位在159年前历尽千辛万苦开通铁路的先人。

（上）塞默林铁路站内展示的整体鸟瞰图。虽然进行了变形加工，但铁路线的位置都描绘得很准确。参考该地图进行徒步旅行也充满乐趣。

（右）到达塞默林站的慢车。虽然距首都维也纳仅100公里，但在冬天，即便维也纳是晴天，塞默林也往往还在下雪。因为这里位于阿尔卑斯山上。

雪后，近郊火车行驶在塞默林铁路上。位于车头的是金牛座电气机。

塞默林站展示着电气化时代前威风一时的柴油机车。

塞默林铁路作为世界遗产的标志性建筑，双层石拱桥卡特瑞恩高架桥。

印度

大吉岭喜马拉雅铁路

Mountain Railways of India

1999 年，印度的大吉岭喜马拉雅铁路（以下简称为大吉岭铁路）入选为世界遗产，是继奥地利塞默林铁路之后第二条成为世界遗产的铁路。

其后，印度的尼尔吉利铁路和卡尔卡西姆拉铁路又相继被列为世界遗产，如今三条铁路在世界遗产名录上的主名称为“印度的高山铁路群”，但大吉岭铁路堪称始祖。那么，开始我们的大吉岭铁路之旅吧。

要想去大吉岭铁路始发站新杰尔拜古里站，通常在加尔各答、新德里等城市乘坐夜间卧铺车。晚上 21 点 40 分从加尔各答发车的卧铺列车大吉岭梅尔号，次晨 8 点到达新杰尔拜古里站，正好和 8 点 30 分发车的大吉岭铁路列车无缝对接。

列车数据与行驶路线

运营公司	大吉岭喜马拉雅铁路（Darjeeling Himalayan Railway）
起始站	新杰尔拜古里站
终点站	大吉岭站
行驶距离	88km
行驶时间	2小时50分（喀西昂站到大吉岭站）
轨距,是否电气化	610mm，非电气化
URL	www.dhrs.org

备注　新杰尔拜古里站到喀西昂站之间由于大规模山体滑坡，于 2013 年 1 月停运。喀西昂站到大吉岭站（31 公里）正常运行。蒸汽机车“玩具火车”从大吉岭站至古姆站 1 天往返 4 趟。

终点站大吉岭站候车室墙上悬挂着世界遗产的徽章。

大雾弥漫的古姆站，蒸汽机车在检修中。古姆站海拔2258 米。

大吉岭梅尔号等印度国铁的主要线路采用了轨道宽达 1676 毫米的世界最大级别的宽轨，而大吉岭铁路采用的是宽度仅为610毫米的窄轨。因此，被昵称为“玩具火车”。

列车从新杰尔拜古里出发，在柴油机车的牵引下，向着前方 57 公里处的喀西昂站进发。沿途通过盘山铁路常见的之字形和螺旋形迂回线，一

跳上慢速的火车不费吹灰之力。

坐火车上学的孩子们是和日本人一样的黄种人。

路攀高，但在登山铁路中常见的隧道却一条都没有。没有遮挡视线的隧道，是大吉岭铁路的一大特征，也是其魅力所在。

下午 1 点到达喀西昂站，1 点 35 分发车开往大吉岭站的列车已经在此等候。大吉岭铁路被列为世界遗产之后，为了确保新杰尔拜古里站到喀西昂站的准点运行，蒸汽

攀爬着陡坡的鞍形水箱式蒸汽机车。车头上两个撒沙工负责撒沙，从而避免车轮打滑。

火车低低掠过民居屋檐，终点站大吉岭站近在咫尺。

（右）海拔 2000 米的高原城市大吉岭和银装素裹的喜马拉雅山山脉。位于中央的山峰是干城章嘉峰（8585 米）。
（下）驰名世界的大吉岭茶园

美丽的女站长身穿纱丽。

孩子们在正在加水的机车前拍照留念。

机车更换成了柴油机车。但喀西昂到大吉岭之间的31公里路程，保留了1881年通车时使用的英国制造的蒸汽机车。古老的蒸汽机车以平均不到12公里的时速缓慢前行。沿线的孩子们发现列车经过时会从家中飞奔而出，可以轻而易举地跳上火车。

列车驶过古姆站后，眼前出现了银装素裹的高山。那是海拔高达8585米、世界第三高峰干城章嘉峰。看到喜马拉雅山就意味着终点站大吉岭站已经近在咫尺了。

头班车的蒸汽在逆光中格外引人注目。

实际车速并不快，但通过慢快门摄影拍出了速度感，小小机车看上去颇有气势。

印度

尼尔吉利高山铁路

Mountain Railways of India

在大吉岭铁路被认定为世界遗产后，2005年尼尔吉利高山铁路也入选为世界遗产。该铁路行驶在印度最南端的泰米尔纳德邦，是一条轨距为1米的米轨铁路。与大吉岭铁路一同被记载在世界遗产名录上，主名称为“印度的高山铁路群”。

我一听是在印度最南端，心中想道，与喜马拉雅山脚下凉爽的大吉岭相反，迎接我的会是炎炎酷暑吧。我搭乘从金奈出发的夜车，到达了尼尔吉利铁路的始发站梅杜巴莱耶姆站。也许是因为清晨，天气凉爽，出乎我的意料。

我乘坐了7点10分发车、开往乌塔卡蒙德（乌提）的列车。结果我在终点站乌提站冻得发抖。因为乌提附近海拔高达2200米，11月到1月有时气温会降到零度以下。由于是去印度最南端，我准备了很多T恤衫，但竟然需要毛衣和羽绒服，真是始料未及。我不知道原来尼尔吉利地区夏无酷暑、气候凉爽舒适，是与大吉岭齐名的世界红茶产地。

尼尔吉利高山铁路的历史要追溯到1898年，当时作为一条部分采用阿卜特式轨道的高山铁路开始运营。这是与不采用齿轮轨道的

列车数据与行驶路线

运营公司	尼尔吉利高山铁路 (Nilgiri Mountain Railway)
起始站	梅杜巴莱耶姆站
终点站	乌塔卡蒙德站
行驶距离	46km
行驶时间	3小时35分至4小时50分
轨距,是否电气化	1000mm，非电气化
备注	古奴尔站与乌塔卡蒙德站之间一天往返4趟。梅杜巴莱耶姆站与古奴尔站之间1天只往返1趟（直达乌塔卡蒙德站）。

列车员通过手旗信号向火车司机传达指令。

女站员在操作信号杆。

柴油机车吐着烟雾，爬行在陡坡之上。

高山列车驶过惠灵顿桥。机车不是从前部牵引，而是从后部推进，这是高山铁路确保安全的原则。

尼尔吉利的茶园与大吉岭的颇为不同。

尼尔吉利高山铁路车厢内。基本上全部是木质的。

在铁轨边吃草的牛。在印度牛被视为神圣的动物。

大吉岭铁路的最大区别。行驶路线中最大坡度为千分之八十三。阿卜特式蒸汽机车隆隆作响，穿越森林到达古奴尔站，再通过途经茶园的高山路线，直至终点乌提站。

古努尔车站的阿卜特式蒸汽机车。

（上）尼尔吉利高山铁路的巧克力。
（右）阿卜特式蒸汽机车的手工模型。在国立铁道博物馆以1000卢比购入。

铁轨也是当地人的道路。

印度

卡尔卡西姆拉铁路

Mountain Railways of India

列车数据与行驶路线

运营公司	印度国家铁路
起始站	卡尔卡站
终点站	西姆拉站
车费	20至330卢比
行驶距离	96km
行驶时间	4小时5分至5小时20分
轨距,是否电气化	762mm，非电气化

备注 卡尔卡和西姆拉之间1天往返4趟。普通列车二等座车费是20卢比，而湿婆豪华特快列车是330卢比，提供餐饮。从新德里到卡尔卡大约305公里，1天往返4、5趟，最短时间为4小时5分。

继尼尔吉利高山铁路后，2008年卡尔卡西姆拉铁路被添加到印度高山铁路群。它主要行驶在印度北部的喜马偕尔邦，是一条轨距为762毫米的窄轨铁路。始发站卡尔卡站位于新德里向北305公里的地方。乘坐印度最快的列车莎塔布迪特快列车，4小时5分可以到达，但卡尔卡西姆拉铁路一般上午发车，因此通常需要在卡尔卡住上一晚。唯一一个不用过夜的办法是，在新德里乘坐7点40分发车的列车，11点45分到达卡尔卡，换乘12点10分去西姆拉的列车。然而，我乘坐的莎塔布迪特快列车晚点，最终未能换乘。

站站停的梅尔列车到达终点西姆拉站。

结果我还是在卡尔卡住下，乘坐次晨的列车。列车早上4点、5点30分、6点连续发三趟车，下午则只有12点10分的一趟车。我搭乘的是5点30分的湿婆豪华特快列车。“湿婆”就是印度教中的湿婆神。

为了与反方向开来的列车衔接，湿婆豪华特快列车在卡诺站等待。

柴油机车牵引着7节车厢，开往距离96公里处的西姆拉。虽然沿途没有高山铁路

列车驶过卡尔卡西姆拉铁路的重要景点，四层石拱桥卡诺桥。

印有世界遗产和米老鼠标志的铁路电动机车

湿婆豪华特快列车上提供免费早餐。左上图为素食者餐，左下图为非素食者餐。

去西姆拉旅行的女子们兴高采烈。

的代名词——齿轨与Z形路轨，但是果提与桑瓦拉之间精彩的爬山路线、四层石拱桥卡诺桥等都让我充分体验了高山铁路的魅力。沿途隧道共102条，桥梁多达864座。终点西姆拉站是位于海拔2213米的高原避暑胜地，在英国统治时期，是夏季的首府所在地。

卡尔卡站内的世界遗产石碑

明信片上印着蒸汽机车驶过卡诺桥。

蒸汽机车模型，非卖品。

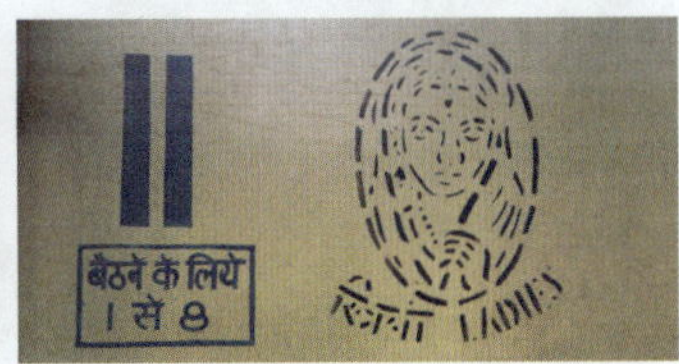

女性图形意味着女性专用车厢。

孟买贾特拉帕蒂·希瓦吉终点站

Chhatrapati Shivaji Terminus (formerly Victoria Terminus)

列车数据与行驶路线

站名	孟买贾特拉帕蒂·希瓦吉终点站（CST）		
旧称	维多利亚终点站		
运营公司	印度国家铁路		
起始站	新德里站		
终点站	孟买中央站		
车费	二等卧铺：2360卢比		
行驶距离	1360km	行驶时间	16小时5分
轨距，是否电气化	1676mm，电气化		
URL	www.indianrailways.gov.in		

备　注　孟买CST站没有检票口，可以自由出入。乘客以外人员需要购买站台票（5卢比）。无票将罚款500卢比。

印度
阿拉伯海
孟买中央站
教堂门
孟买CST站

首次载入世界遗产名录的火车站是位于印度最大城市孟买的火车站贾特拉帕蒂·希瓦吉终点站。它从1888年开始耗时10年建成，2004年被认定为世界遗产，其登录理由是“印度维多利亚哥特式建筑的杰作”。建成时，以当时的英国女王的名字命名为“维多利亚终点站”。近年，印度将殖民地时代的名称改为印度固有的语言，如Bombay改为Mumbai（孟买），加尔各答改为加尔各达，马德拉斯改为金奈。1996年，维多利亚站也改名为贾特拉帕蒂·希瓦吉（印度教中的英雄）站。

孟买CST站的站台。既然是世界遗产，为何不打扫得更干净些？

到达孟买CST站的通勤电车。印度人习惯打开全部车门。

日本到孟买有直飞的航班，可以到达孟买贾特拉帕蒂·希瓦吉国际机场（简称BOM），与过去一样，并未改名。如果从首都新德里乘坐列车去孟买的话，建议您选择印度国铁最快的卧铺车首都特快（Rajdhani Express），约16小时。但是，首都特快的终点站是孟买中央站，与贾特拉帕蒂·希瓦吉

气势不凡的孟买贾特拉帕蒂·希瓦吉终点站。车站前，黄色车顶的是出租车。

两座狮子石像守卫着正门。

鳄鱼的石雕装饰充满南国风情。

精美细致的孔雀扇形窗

中央塔楼顶上矗立着进步女神像。

站相距4公里，需要乘坐出租车前往。

贾特拉帕蒂·希瓦吉终点站气势恢弘、华美壮观。这里也是印度中央铁路总公司的旧址，同时设有车票印刷工厂。建筑上的鳄鱼、大象、孔雀等装饰充满了印度风情，一边欣赏一边绕车站一周也充满趣味。但请注意小偷、拉客的当地人以及脚下的垃圾。

世界遗产的徽章

站内内殿中装饰着彩色玻璃。

站台票，5卢比

匈牙利

布达佩斯地铁1号线

Budapest, including the Banks of the Danube, the Buda Castle Quarter and Andrássy Avenue

1987 年，匈牙利首都布达佩斯的多瑙河两岸和布达地区被认定为世界遗产，15 年后的 2002 年，又增添了安德拉什大街。世界遗产安德拉什大街并不仅仅指这条道路，还包括道路下行驶着的布达佩斯地铁 1 号线。它也是欧洲大陆首条地铁，同时也是世界遗产中唯一的地铁。

布达佩斯市民亲切地称地铁为“metro”。现在共有三条线，通过不同颜色表示：1 号线为黄色，2 号线为红色，3 号线为蓝色。下图中的黄色列车是世界遗产布达佩斯地铁 1 号线（M1）。

117 年前的 1896 年 5 月 2 日，为了纪念匈牙利建国 1000 周年，地铁 1 号线通车运营。这是世界上第二条地铁，仅次于英国伦敦。不同的是，伦敦地铁采用了 SL（蒸汽机车），而布达佩斯地铁一开始就计划了一条电气化铁路。在世界遗产的说明中也写道：“（布达佩斯地铁）是现代地铁系统的始祖。”

地铁始发站是多瑙河附近的弗洛斯马提广场站。从入口走几级台阶，马上就到了站台。距离地面大约 3 米的深度吧。

列车数据与行驶路线

运营公司	布达佩斯交通局（BKV）
行驶路线	M1、M2、M3
车费	单次票：350匈牙利福林 24小时票：1650匈牙利福林
行驶距离	30km
轨距,是否电气化	1435mm，电气化

备　注　车票在以下交通工具通用：地铁、有轨电车、公共汽车、HEV（近郊列车）、通往伊丽莎白观景台的高山铁路。单次票的有效时间为 60 分钟。仅地铁在有效时间内，可以换乘。对违规乘车行为会处以严厉的惩罚，请务必持相应的车票乘车。

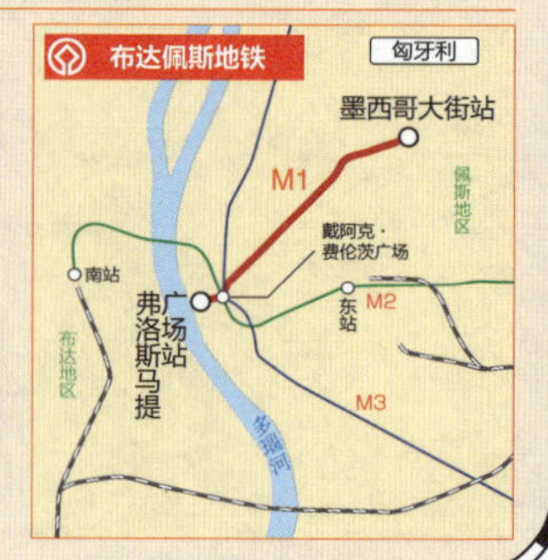

戴阿克站内的地铁博物馆。出示 24 小时票即可免费参观。

从歌剧院站发车的布达佩斯地铁1 号线。是由3 辆车厢组成的迷你地铁。

世界遗产安德拉什大街上的英雄广场。布达佩斯地铁 1 号线在其地下通过。

阳光照耀下的歌剧院站站台

戴阿克站内的世界遗产标志

模型展示了挖掘道路建造地铁的情形。

阳光能够照耀进站台里。为什么这么浅呢？原因是在建造这条地铁时，并不是挖掘了一条隧道，而是挖开地面，建好地铁后再封上路面。到达终点墨西哥大街站仅 5 公里，历时 11 分钟。这是一条小巧可爱的地铁。

（上）从多瑙河畔仰望黄昏笼罩下的布达王宫。包括布达王宫和布达城堡的多瑙河两岸被认定为世界遗产。
（右）布达佩斯地铁 1 号线的起点站弗洛斯马提广场站入口。站台距离地面浅得惊人。

瑞士

雷蒂亚铁路 阿尔布拉线/伯尔尼纳线

Rhaetian Railway in the Albula / Bernina Landscapes

RhB

2008 年，行驶在瑞士东部格劳宾登州的私营铁路雷蒂亚铁路的阿尔布拉线 / 伯尔尼纳线，被认定为世界遗产。具体是指从图西斯站、经由圣莫里兹站到蒂拉诺站之间，全长 130 公里的铁路以及周边景观。

首先，阿尔布拉线起点在格劳宾登州的首府库尔。建议您乘坐上午 8 点 58 分发车开往蒂拉诺的伯尔尼纳快车。它由 2 节一等车厢和 4 节二等车厢组成，无论是一等车厢还是二等车厢都是风光秀丽的全景车厢。

列车从库尔站发车后 30 分钟，驶过图西斯站后，开始驶入世界遗产区域，同时也进入了险峻的峡谷。流淌在脚下的激流是莱茵河的支流阿尔布拉河。不久列车驶过横跨峡谷的兰德瓦萨高架桥，这是一座高 65 米的六跨连石拱桥，于 1902 年建成。

列车继续行驶，精彩的美景接连不断。前方贝尔金到普瑞达（Preda）之间，列车将通过 4 次回转的螺旋形路线、2 个马蹄形路线，攀爬 416 米的高度。从普瑞达开始，列车一鼓作气地飞驶过

列车数据与行驶路线

运营公司	瑞士雷蒂亚铁路公司（RhB）
起始站	库尔站
终点站	蒂拉诺站
车费	一等座：105 瑞士法郎 二等座：60瑞士法郎
行驶距离	150km（经由圣莫里兹的情况）
行驶时间	3小时55分（库尔至蒂拉诺）
轨距，是否电气化	1000mm，电气化
URL	www.rhb.ch

备注 伯尔尼纳快车运行在库尔—蓬特雷西纳—蒂拉诺之间、圣莫里兹至蒂拉诺之间。一等、二等车厢均为全景车厢、对号入座，需要提前预定和支付额外费用。库尔至圣莫里兹之间，圣莫里兹至蒂拉诺之间也可以不乘坐伯尔尼纳快车，而乘坐 1 小时 1 班的普通列车。

离开圣莫里兹站的伯尔尼纳快车，采用了全景车厢。

圣莫里兹发车、开往库尔的快车， 机车头采用了联合国教科文组织的颜色。

“冰川快车”行驶在伯尔尼纳线的代表性景点兰德瓦萨高架桥上。中央的桥墩下有世界遗产的标牌。

兰德瓦萨高架桥桥墩上的世界遗产标牌。

兰德瓦萨高架桥能从观景平台远远望到。

RhB 铁路公司的列车上印着兰德瓦萨高架桥的联合国教科文组织海报。

全长 5865 米的阿尔布拉隧道，翻越山脊。穿过隧道后，前方就是恩加丁地区，那儿是使用瑞士第四官方语言——拉丁罗曼语的地区。

从恩加丁地区的中心城市圣莫里兹(在此伯尔尼纳快车不停车）开始是伯尔尼纳线。

约 20 分钟以后，列车驶过了海拔 2000 米的高度，车窗外针叶林消失了，出

伯尔尼纳快车攀爬陡坡，背景是莫尔特拉齐冰川。

车内售货小推车上的山羊装饰。

RhB 铁路公司的帅哥列车员丹尼尔

（右）伯尔尼纳快车纪念品山羊毛绒玩具
（左）新型列车 Allegra 的玩具

阿尔布拉线列车的餐车。午餐是番茄煮烤猪肉。

雪后天晴，圣莫里兹发车、站站停的慢车行驶在伯尔尼纳线上。即将到达伯尔尼纳线的最高点（2253 米）。

伯尔尼纳快车行驶在伯尔尼纳线的著名景点——BRUSIO 圆形高架桥，360 度环绕而下。

这里已经是意大利，列车即将到达终点站蒂拉诺。

列车行驶在恩加丁地区的高原，牛群在悠闲地吃着草。

列车行驶在与汽车共用的路面上。

现一幅荒凉的景象。因为已经跨过了森林界限。正在此时，行驶方向右侧的车窗外出现了冰川。那是莫尔特拉齐冰川，伯尔尼纳峰（4049 米）巍峨屹立在上方。接下来，列车旁出现了冰川湖比安科湖，意大利语中是“白湖”的意思，湖水具有冰川湖特有的神秘色彩。冰川湖对岸上方的山峰是堪伯莱娜峰。列车在湖畔的奥斯比齐奥—伯尔尼纳站稍作停留。这儿是伯尔尼纳线上海拔最高的车站（2253 米），也是除阿卜特式登山铁路以外欧洲最高的车站。

列车再次启动，轻快地行驶起来。从库尔站到这里，一路上坡路，刚刚翻越了阿尔卑斯山，现在终于开始下坡。在终点站蒂拉诺，正宗的意大利面在等候您的到来。

第二章

①塞哥维亚输水道（西班牙）
②少女峰铁路（瑞士）
③阿姆斯特丹（荷兰）
④峡湾（挪威）

坐火车去 **欧洲**的世界遗产

法国

圣米歇尔山及其海湾

TGV大西洋线

Mont-Saint-Michel and its Bay

通向法国世界遗产的代名词"圣米歇尔山"的旅行，始于巴黎蒙巴纳斯火车站。巴黎有6个火车站，蒙巴纳斯火车站位于塞纳河左岸、巴黎唯一的摩天大楼对面。车站具有新潮时尚的外观设计。

我在这个车站乘坐法国高速列车（TGV）大西洋线的列车。这趟列车在1989年通车时，便达到了300公里的世界最高时速（当时），令人咋舌。我们日本人相信新干线是世界第一的，但日本赶超每小时300公里的速度，是8年后的1997年。然而，日本刚达到这个速度，法国马上提速到每小时320公里。似乎日本无论怎么努力，也无法与法国抗衡。

列车数据与行驶路线

列车名	TGV大西洋线		
运营公司	法国国家铁路局（SNCF）		
起始站	巴黎蒙巴纳斯站		
终点站	雷恩站		
车费	一等座：111欧元 二等座：63欧元		
行驶距离	365km	行驶时间	2小时14分
轨距,是否电气化	1435mm，电气化		
URL	www.tgv-europe.com		

备注 TGV全车座位对号入座，需要预约座位。雷恩至圣米歇尔山可以搭乘Keolis Emeraude公司的巴士，约1小时20分。（1天往返3、4趟）。

左右对称的雷恩车站，站内有不少流行商铺。

从巴黎发车到达雷恩站的TGV 大西洋线列车

驶离巴黎15分钟左右，展现在眼前的是一片片平坦辽阔的农田。正因为这样的地形，在法国列车可以高速行驶，但车窗外的景色相对单调乏味。

TGV列车飞驰在辽阔的大地上，最终到达布列塔尼地区的首府所在地雷恩。雷恩地处汽车24小时拉力赛举办地勒芒的下一站，也是生产著名的雪铁龙汽车的工业城市。

（上）TGV 的乘务员笑容甜美。
（下）圣米歇尔山修道院的彩色玻璃。

有 TGV 标志的 U 盘铁路纪念品

矗立在圣米歇尔海湾的修道院岛圣米歇尔山岛。1979 年，圣米歇尔山及其海湾被收入世界遗产名录。

在雷恩站旁边的汽车站，搭乘去往圣米歇尔山的公共汽车。汽车飞驰在田园地带 1 小时 20 分钟，前方便出现了一个修道院岛，孤傲地矗立在圣米歇尔山港湾。那就是 1979 年入选为世界遗产的圣米歇尔山岛。

（上）圣米歇尔山餐厅中悬挂着日本高松宫亲王和王妃的照片。
（右）圣米歇尔山的名菜“La mère Poular”煎鸡蛋饼。起源于给朝圣者做的营养餐。

法国

斯特拉斯堡大岛

TGV东欧线

Strasbourg – Grande île

斯特拉斯堡在德语中是“街道之城”的意思。正如其名，斯特拉斯堡从罗马时代起，作为东西南北的交通要地而闻名。对于这个历史悠久的城市而言，2007 年 6 月 10 日是一个值得纪念的日子。这一天 TGV 东欧线通车开业了。TGV 是法语“Train à Grande Vitesse”的首字母缩写，它不仅连接起了巴黎和斯特拉斯堡，而且是首条与德国特快列车 ICE 相互直通的 TGV。开业前日，举行了隆重的通车仪式和晚间纪念活动，礼花齐放，热闹非凡。

从巴黎东站发车的“TGV 东”列车由车头和车尾的电气化机车头、4 节二等车厢、1 节餐车、3 节三等车厢，共 10 节车厢组成。巴黎和斯特拉斯堡之间虽然仅需 2 小时 20 分，但配有餐车令人增加了对火车旅行的期待。餐车的名称叫“TOUT & BIEN”，意为“一切，精彩”。车内装潢是世界闻名的时装设计大师克里斯汀·拉克鲁瓦的力作，通过紫色玻璃餐桌营造出充满未来感的空间，的确“精彩”。

列车数据与行驶路线

列车名	TGV东欧线		
运营公司	法国国家铁路局（SNCF）		
起始站	巴黎东站		
终点站	斯特拉斯堡站		
车费	一等座：134欧元 二等座：77欧元		
行驶距离	450km	行驶时间	2小时17分
轨距，是否电气化	1435mm，电气化		
URL	www.tgv-europe.com		

备注　乘车前需要在打票机上打票。alsa plus 24h 是 24 小时票，从打票开始可使用 24 小时。此外，还有往返票和次数票（10 张）。

从巴黎东站乘坐 TGV 列车到斯特拉斯堡约 2 小时 20 分钟。一天往返 12 至 17 趟。一等普通座位车费为 134 欧元，二等普通座位为 77 欧元。TGV 全车对号入座，需要预定座位。除此以外，在巴黎戴高乐机场也可以乘坐 TGV 列车。

巴黎东站至斯特拉斯堡站之间通车标牌。

TGV 东欧线通车仪式上展示了与实物同等大小的模型。

TGV 列车离开巴黎东站，开往斯特拉斯堡。

行驶在斯特拉斯堡古城的低地板有轨电车，于1994 年开通。

位于斯特拉斯堡的世界遗产大岛的圣母大教堂，从 1176 年开始耗时 250 年建成。

从斯特拉斯堡站步行约 10 分钟，就到了世界遗产古城所在的大岛。圣母大教堂雄伟壮观，从大教堂上俯瞰的街景，也 TOUT & BIEN！

（上）阿尔萨斯地区的当地特色菜葡萄酒炖肉锅。土豆、胡萝卜、洋葱、猪肉等经过炖煮，味道朴素自然。
（右）世界遗产大岛地区鳞次栉比的木屋民居。白墙木结构建筑是阿尔萨斯地区的特点。

法国

加尔桥

TGV地中海线

Pont du Gard (Roman Aqueduct)

列车数据与行驶路线

列车名	TGV地中海线		
运营公司	法国国家铁路局（SNFC）		
起始站	巴黎里昂站		
终点站	尼姆站		
车费	一等座：155欧元 二等座：112欧元		
行驶距离	686km	行驶时间	3小时27分
轨距，是否电气化	1435mm，电气化		
URL	www.tgv-europe.com		
备注	TGV全车座位对号入座，因此需要预约座位。尼姆站到加尔桥往返可以乘坐Edgard公司的巴士（B21路：1天往返5、6趟），约45分钟。www.edgard-transport.fr		

1985年，法国南部加尔河上的输水桥加尔桥被列为世界遗产。这是一座约在公元前19年古罗马时代建成的3层石拱桥，高49米，全长275米。当时每天的供水量可达2万立方米。

距离加尔桥最近的车站是尼姆站，可以在巴黎的火车终点站之一巴黎里昂站乘坐TGV地中海线到达。里昂站建成使用是在巴黎世博会举办的1900年，这个历史悠久的车站充满优雅的气息，高大的钟楼也令人印象深刻。与车站同时开业的餐厅“Le Train Bleu”（蓝色列车）也享有盛名，餐厅以开往科特达祖尔的蓝色列车（卧铺车）的爱称来命名。地中海线将1981年开通的巴黎和里昂之间的TGV东南线，在2001年延伸至阿维尼翁、尼姆、马赛。由于大大缩短了去南法的时间，巴黎人能更随意地享受假期了。

TGV 地中海线始发站巴黎里昂站的巨大钟楼令人印象深刻。

新型、旧型的TGV 地中海线在巴黎里昂站等候发车。最高时速可达300 公里。

我乘坐的是全车双层车厢的TGV Duplex列车。它以300公里的时速行驶，巴黎到尼姆的686公里约3.5小时可以到达。车厢分一

世界遗产加尔桥。古罗马时代的输水桥，约公元前 19 年动工，耗时五年建成。现存的桥高 49 米、全长 275 米。

通往南法的大门巴黎里昂站，站内的椰子树别具风情。

TGV 的餐车出售小吃和饮料。

巴黎里昂站内的餐厅“蓝色列车”

等和二等两种。二层上可以看到窗外迷人的风景。您可以在餐车上边享用美食，边充分体验世界上最快的列车车速。

从尼姆站坐巴士 25 分钟，眼前便出现了输水桥。经历了两千年的风霜依然保留了当年的身姿，充满着威严，令人不由对古罗马人的技术水平赞叹不已。

（上）在能眺望世界遗产加尔桥的餐厅中品尝了鱼。口味清淡，大概是鳟鱼。配菜味道也不错。
（右）加尔桥的水槽部分。当初建造时垂直的水槽由于长年累月石灰的堆积，变成了椭圆形，真是个惊人的自然现象。

英国普尔曼列车 坎特伯雷大教堂

Canterbury Cathedral, St Augustine's Abbey, and St Martin's Church

驶入伦敦维多利亚车站 2 号站台的是充满优雅高贵气质的英国普尔曼列车。车身采用了高雅的褐色和米色，全车都是 20 世纪 20、30 年代制造的普尔曼列车。英国作为铁道发祥地，坚守着历史和传统，不少列车长期使用。其中，最有名的豪华列车当属英国普尔曼列车。普尔曼列车曾作为王室用车，拥有辉煌的历史，在英国人心中的地位是与众不同的。

普尔曼列车主要活跃在开往威尼斯的东方快车伦敦至福克斯顿之间，不运行的日子则用于开往英国南部观光地的一日游旅行。早晨从伦敦出发，到达目的地后观光。游客们在去程的列车上，能享受到欢迎香槟酒的服务，品尝全套早午餐；回程则享受着下午茶，畅谈旅行见闻。闲下来，还要参观具有“轮上美术馆”之称的列车内部。各节车厢的内饰各不相同，复古奢华、充满英国传统格调，令人目不暇接，置身于车厢内的自己也仿佛成了王侯贵族。

今天，旅行的目的地是位于伦敦东南部肯特郡的坎特伯雷。目标是耸立在城市

列车数据与行驶路线

列车名	英国普尔曼列车		
运营公司	东方快车		
起始站	伦敦维多利亚站		
终点站	坎特伯雷站		
车费	约300英镑（一日游费用，2012年）		
行驶距离	99km	行驶时间	6小时45分（一日游时间）
轨距，是否电气化	1435mm，电气化		
URL	www.orient-express.com		

备注　英国普尔曼列车属于旅游列车，需要预约。坎特伯雷一日游的日程：3 月 28 日，4 月 4 日、11 日、18 日、25 日，5 月 9 日、16 日，6 月 13 日、20 日、27 日，7 月 11 日、18 日、25 日，8 月 15 日、22 日，9 月 19 日、26 日，10 月 17 日、31 日，11 月 7 日（2013 年）。

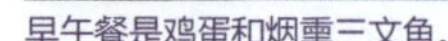
早午餐是鸡蛋和烟熏三文鱼。

迎接乘客的迪克西兰爵士乐队

漂亮的普尔曼列车在柴油机车的牵引下飞驶在肯特郡。

世界遗产坎特伯雷大教堂建于 16 世纪，是英国哥特式建筑的杰作。自 1534 年起成为英国国教教会的大主教所在地。

中心部的英国国教罗马天主教会大主教所在地坎特伯雷大教堂。被称为哥特式建筑杰作的大教堂内部充满庄严的氛围。参观过大教堂后在市内游览，然后回到伦敦，整个行程约 8 小时。乘坐历史悠久的列车去参观世界遗产，真是一种与众不同的超值体验。

英国普尔曼列车的始发站伦敦维多利亚站

普尔曼列车车厢内的细木镶嵌画装饰

爱丁堡的古城和新城

苏格兰飞人号

Old and New Towns of Edinburgh

从伦敦国王十字站可以搭乘列车去苏格兰的首府爱丁堡。在这里，连接伦敦和爱丁堡的是东海岸干线高速列车 IC225。IC 是“InterCity”的首字母缩写，相当于日本既有线的特急列车及新干线。225 表示的是最高时速（公里 / 时）。

我乘坐了上午 10 点发车的列车。这趟列车被亲切地称为“苏格兰飞人号”（Flying Scotsman）。“苏格兰飞人号”是英国铁路中历史最悠久的特快列车的名称，发车时间正是上午 10 点，这个时刻充满着历史传统的意义。如今虽然被 IC 列车所取代，但开往爱丁堡的所有 IC 列车都带有“苏格兰飞人号之路”的徽章，表示对这趟传统列车的敬意。

列车由 10 节车厢组成，电气化机车头、6 节二等车厢、1 节餐车加一等车厢、2 节二等车

列车数据与行驶路线

列车名	InterCity 225		
运营公司	东海岸公司(East Coast)		
起始站	伦敦国王十字站		
终点站	爱丁堡威弗利站		
车费	一等座：201.50英镑 二等座：152英镑		
行驶距离	632km	行驶时间	4小时22分
轨距,是否电气化	1435mm，电气化		
URL	www.eastcoast.co.uk		
备注	伦敦 10 点发车、爱丁堡下午 2 点发车的列车被昵称为“苏格兰飞人号”，但与其他长途列车并无区别。可以随时乘坐，无需预约座位。		

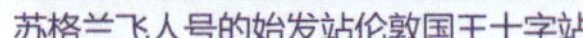
苏格兰飞人号的始发站伦敦国王十字站

从伦敦国王十字站发车的IC225 型苏格兰飞人号

哈利波特中有名的场景，伦敦国王十字站9¾站台。

爱丁堡的火车终点站威弗利站

到达威弗利站的柴油特快IC125 型列车

世界遗产爱丁堡旧城区的代表性建筑圣吉尔斯大教堂，皇冠形状的屋顶让人过目不忘。

厢，最后是带有驾驶室的行李车厢。伦敦到爱丁堡之间632公里，行使时间为4小时22分。

在爱丁堡威弗利站下车后，车站两侧分别是爱丁堡的古城和新城，呈现一副迷人的景观。下车后，首先映入眼帘的是古城内的爱丁堡城堡，苏格兰国王曾居住在此。城中，中世纪时代铺设的石子路蜿蜒曲折，如层层迷宫。而新城则是在18世纪后叶按照相关城市规划建造的，与古城不同，整齐有序。

从卡尔顿山丘眺望爱丁堡城区，背景是爱丁堡城堡。

英国

维珍列车 利物浦海上贸易城市

Liverpool - Maritime Mercantile City

今天的目的地是被列为世界遗产的港口城市利物浦。在伦敦尤斯顿站乘坐维珍列车（VT）的最新车型 pendolino 390，行程约 2 小时 8 分。这趟列车也以优质的服务而闻名。如果同一路线还有其他铁路公司可以选择的话，我往往会选择维珍。因为对我而言，用餐是否花钱是个重要问题，而维珍列车的一等车厢免费供应餐饮。只要出示一等车厢车票，列车员推车来出售或者您自己去餐车时，都可以得到一个盒饭。旅行中，对美食的期待也不可忽视。列车横穿英国中部的丘陵地带，到达利物浦最大的火车站——莱姆大街火车站。

列车数据与行驶路线

列车名	Pendolino390
运营公司	维珍列车公司(Virgin Trains)
起始站	伦敦尤斯顿站
终点站	利物浦莱姆大街站
车费	一等座：211.50欧元 二等座：138.50欧元
行驶距离	312km　行驶时间　2小时8分
轨距,是否电气化	1435mm，电气化
URL	www.virgintrains.co.uk
备注	列车无需预约座位。一等座提供矿泉水、饮料和小吃。列车内也有酒吧车厢。

利物浦的莱姆大街站，从这儿步行至码头约 15 分钟。

提到利物浦，不由令人想到“甲壳虫乐队”。乐队成员都出生在利物浦，并在这里组成了乐队，因此乐迷们对这个城市怀有种种情感。利物浦曾经不过是个小小的港口小镇，17 世纪成为大西洋贸易的据点，19 世纪作为英国最大的贸易港口繁华起来。在商品和人员的频繁交流中，新的文化诞生了。正因为是这样的城市，才产生了让全世界疯狂的乐队。

维珍列车在尤斯顿站等待发车，即将开往利物浦。

海运遗产都集中在墨西河东岸，从车站到阿尔伯特船坞大约 2 公里。途中经过马修街，这里

被评为世界遗产的海上贸易城市——利物浦。丘纳德大厦等位于“码头顶”的大楼被称为“美惠三女神”。

可以看到甲壳虫首次演出的洞穴俱乐部、约翰·列侬塑像等，所以有兴趣的话，请务必经过马修街步行去船坞。20 世纪初建成的名叫“美惠三女神”的三座大楼也不可错过。

利物浦是甲壳虫乐队的诞生地。

利物浦港的阿尔伯特船坞经过重新规划建造，成为休闲胜地。

意大利

威尼斯

东方快车VSOE

Venice and its Lagoon

水城威尼斯被称为“亚得里亚海女王”，作为东西贸易的中转点而繁荣起来。水城中心部由120多个岛屿构成，用运河与桥梁相互连接。圣马可广场是进入水城的大门口，拿破仑曾称赞它“是世界上最美的广场”。大运河两侧分布着许多历史建筑，其中包括世界遗产的建筑。

我为了饱览威尼斯的美丽，在伦敦维多利亚站坐上了东方快车（Venice Simplon Orient Express）。

1883年，东方快车首次亮相。人们为之津津乐道，不仅因为它是第一辆直通伊斯坦布尔的列车，还因为它是由比利时著名的卧铺车公司Wagons-Lits制造的世界上第一辆超豪华列车。它成为王侯贵族、大富豪、文人墨客们竞相光顾的“行驶着的社交场所”，直至1977年结束运营。但是，时隔5年后，它再次开始了运营。这次以VSOE列车获得新生。

10点45分发车后，我在英国最有名的豪华列车英国普尔曼车厢品尝午餐。在福克斯通换乘巴士，通过汽车载运列

列车数据与行驶路线

列车名	VSOE
运营公司	东方快车公司
起始站	伦敦维多利亚站
终点站	威尼斯桑塔露琪亚站
车费	约2170英镑（双人间，2012年）
行驶距离	1750km 行驶时间 31小时10分(旅游时间)
轨距,是否电气化	1435mm，电气化
URL	www.orient-express.com

备　注　这是一趟旅游列车，需要预约。伦敦发车日期为：4月4日、18日、21日、25日，5月5日、9日、12日、16日、19日、26日，6月9日、13日、16日、20日、27日，7月18日、25日，8月15日、22日，9月19日、22日、26日、29日，10月6日、10日、13日、17日、27日，11月7日（2013年）。

英国
荷兰
伦敦维多利亚站
多佛尔海峡
比利时
德国
卢森堡
捷克
巴黎
慕尼黑
苏黎世
因斯布鲁克
东方快车
奥地利
法国
瑞士
威尼斯
斯洛伐克
意大利
威尼斯桑塔露琪亚站
克罗地亚

东方快车VSOE随身行李上的名牌很高档。

东方快车VSOE远眺阿尔卑斯山脉，向着威尼斯飞驶。

世界遗产威尼斯的运河与穿梭在河面的贡多拉。前方是叹息桥，是通往监狱的必经之路。

被称为“行驶着的社交场所”的东方快车的酒吧沙龙车厢

厨师长迪盖尔

列车经理

停靠在威尼斯桑塔露琪亚站的东方快车

车穿越英吉利海峡隧道，直至法国Kareviru站。在此换乘卧铺车公司的卧铺列车，这是20世纪20、30年代制造的古典东方快车，真是名不虚传。

次日，在苏黎世附近迎来了黎明，列车翻越了阿尔卑斯山脉，继续赶往目的地威尼斯。黄昏时分到达威尼斯桑塔露琪亚站。

圣马可广场，拿破仑曾称其“是世界上最美的广场”。

意大利

庞贝

维苏威周游铁路

Archaeological Areas of Pompei, Herculaneum and Torre Annunziata

维苏威周游铁路是一条环绕维苏威火山一周的铁路。去程和回程走不同的路线，就可以360度全方位地欣赏维苏威火山的美景。

周游铁路的始发站是意大利那不勒斯加里波第广场站。这是一条私营铁路，因此不能使用欧洲火车通票，需要另外购买车票。这是一条轨距950毫米的窄轨铁路，列车也很小巧，仅4节车厢，十分可爱，与到达那不勒斯前乘坐的意大利火车大不相同。如果车身上没有涂鸦，会更讨人喜爱。

列车从那不勒斯出发，行驶方向的左侧是维苏威火山，随着火车的行进不断变化着姿态。22分到达庞贝古城神秘庄园站。出站后，步行2、3分钟就到了庞贝遗址的入口——马利纳门。

列车数据与行驶路线

运营公司	维苏威周游铁路（Circumvesuviana）		
起始站	那不勒斯加里波第广场站（FS中央站地下）		
终点站	庞贝古城神秘庄园站		
车费	2.80欧元		
行驶距离	20km	行驶时间	22分
轨距是否电气化	1000mm，电气化		
URL	www.vesuviana.it		

备　注　维苏威周游铁路有数条路线，去庞贝乘坐开往苏莲托的列车。乘坐意大利国铁（FS）的普通列车（R）也能到达庞贝。

那不勒斯加里波第广场站
意大利
巴拉
维苏威火山
波焦马里诺
维苏威周游铁路
托雷安农齐亚塔
第勒尼安海
庞贝
庞贝古城神秘庄园

维苏威周游列车到达庞贝站，车身上被画得乱糟糟的。

维苏威周游列车到达庞贝遗址最近的车站庞贝古城神秘庄园站。

庞贝是一个古代城市，公元79年由于维苏威火山的大爆发，瞬间被掩埋在了火山灰之下。据说，当时庞贝是一个繁华的商业城市。石块铺设的道路上，留下了货车的车辙。面包店、酒屋等商店鳞次栉比，公共浴场、圆形剧场、上下水道种种设施都很完善，在这里可以看到一个保留完好的古罗马时代的城市。令人不由浮想联翩：“这

庞贝阿雷纳圆形竞技场能容纳一万两千名观众。

庞贝遗址的出土物。如今发掘调查工作仍在继续。

约一千九百年前由于火山爆发而消失的城市中发掘出的招牌

世界遗产庞贝遗址。城中用熔岩铺设道路，安装了铅管的自来水，商店鳞次栉比。

从庞贝遗址的萨尔诺门眺望维苏威火山（1281 米），山形酷似日本的浅间山。

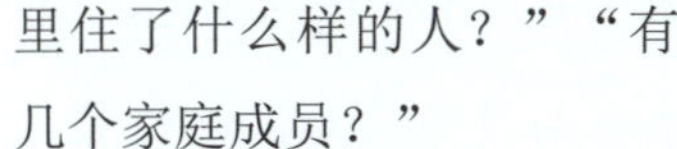

里住了什么样的人？”“有几个家庭成员？”

我回到那不勒斯后，遇到了维苏威周游铁路的车站工作人员，说我乘过站，需要另外加钱。我大声连呼“警察！”，从而躲过一劫。请务必小心冒充工作人员的骗子。

（上）约一千九百年前，因维苏威火山爆发而死去的庞贝人的石膏像。能感受到他的不甘与遗憾。
（右）从那不勒斯港眺望维苏威火山。“看过那不勒斯后死而无憾”说的就是这样的景色吧？

意大利

佛罗伦萨历史区域

高速列车红色箭头

Historic Centre of Florence

列车数据与行驶路线

列车名	红色箭头（FR-AV）
运营公司	意大利国家铁路（FS）
起始站	米兰中央站
终点站	佛罗伦萨新圣母玛利亚站（SMN）
车费	一等座：71欧元（Business） 二等座：50欧元（Economy）
行驶距离	307km ｜ 行驶时间 1小时45分
轨距,是否电气化	1435mm，电气化
URL	www.trenitalia.com
备注	包括红色箭头在内的AV、ES、IC、ICN、E等长途列车全车座位对号入座，因此需要预约座位。从米兰中央站到佛罗伦萨SMN站还可以乘坐NTV公司的高速列车ITALO。

米兰中央站 意大利 红色箭头 帕尔马 博洛尼亚 亚得里亚海 佛罗伦萨 第勒尼安海 佛罗伦萨SMN站

米兰中央火车站是外国游客到达的终点站。据说在欧洲众多庞大的终点站中，它的规模首屈一指。它是独裁者墨索里尼曾经为了彰显国力而建造的，外观采用了大理石材料，显得稳重宏伟。18个站台被欧洲最大的5个相连的拱形屋顶所笼罩。

我在中央站坐上开往佛罗伦萨的列车，这是意大利国铁特快ES中的最新型ETR500。下午1点离开米兰，到佛罗伦萨需1小时45分钟。一发车，我就去了餐车。坐下后，一看来点菜的服务员，不由大吃一惊，竟然是十年前在当时的主要车型ETR450车内遇见的安东尼奥。在他的推荐下，我选择了主厨推荐的套餐作为午餐。前菜有两种意大利面，主菜也有两种肉菜，可供选择。甜品是提拉米苏蛋糕，最后是意式浓咖啡。前菜的番茄酱汁和主菜的火鸡肉都很美味，真不愧是意大利。

红色箭头列车排列在欧洲最大的米兰中央站。

意大利国铁引以为豪的高速列车红色箭头。外观犹如赛车，十分帅气。

我品尝着丰富的午餐，而ES列车飞驰过伦巴第州的

戴红色领带的列车员

10 年后重逢的安东尼奥

红色箭头列车的一大享受是能在餐车品尝到正宗的意大利午餐。

佛罗伦萨站前的新圣母玛利亚教堂

佛罗伦萨代表性的世界遗产圣母玛利亚大教堂（圣母百花大教堂）

“粮仓”波河平原，翻越意大利半岛的脊背亚平宁山脉，驶入佛罗伦萨 SMN 车站。

世界遗产佛罗伦萨旧城区的历史区域可以说是世界闻名的建筑物和艺术品的宝库。美第奇家族的财富和权力创造出的无数文化遗产让世界惊叹。

佛罗伦萨将文艺复兴的辉煌传承至今。从佛罗伦萨 SMN 站可以步行去世界遗产历史区域。

意大利

比萨大教堂广场

FS短途慢车

Piazza del Duomo, Pisa

列车数据与行驶路线

列车名	短途慢车（R或RV）		
运营公司	意大利铁路公司（FS）		
起始站	佛罗伦萨SMN站		
终点站	比萨中央站		
车费	一等座：11.70欧元 二等座：7.80欧元		
行驶距离	81km	行驶时间	49分
轨距，是否电气化	1435mm，电气化		
URL	www.virgintrains.co.uk		
备注	短途慢车（R或RV）属于普通列车及快速列车，仅凭普通车票就能乘坐，无需预约座位。比萨中央站步行30分钟左右可到斜塔。		

我曾多次造访意大利，但这次去比萨还是第一次。当然，世界遗产比萨斜塔是此行的目的。比萨斜塔从竣工后不久开始倾斜，通过近年的修复工作终于停止了倾斜。

我在佛罗伦萨SMN站乘坐开往里窝那的区间车，这是一趟由青绿色电气机车头牵引的慢车。佛罗伦萨SMN站到比萨中央站距离81公里，约49分钟的路程。列车一小时发一趟车，因此从佛罗伦萨去很方便。

火车到达后，在比萨中央站前乘坐公交车至比萨斜塔所在的大教堂广场下车。穿过大门，眼前出现了斜塔。我惊讶了，真的倾斜着，竟然没有任何支撑！

夜幕笼罩着的比萨中央站。石子铺就的路面很具有艺术性。

意大利铁路短途慢车在佛罗伦萨SMN站发车后驶向比萨。

记得孩提时代，我曾在杂志上看到"世界七大奇迹"，其中有埃及金字塔、秘鲁纳斯卡线条，还有比萨斜塔。对于儿时的我，那是极其不可思议的。我曾暗暗想："长大了一定要去看看，千万不要倒啊。"而现在它就矗立在眼前，我感到无比的激动。

我抑制住兴奋的心情，走近斜塔。今天可以登塔，但需要排队等候2小时。不管等多久，我也要上去。终于可以进塔了，我攀

比萨斜塔塔顶。由于塔身倾斜着，令人感到害怕。

比萨大教堂

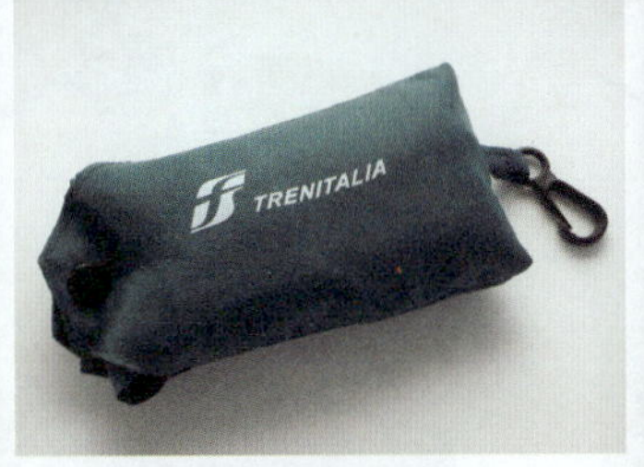

（上）意大利铁路公司的环保袋
（左）站台上的车票计时器。勿忘打票。

世界遗产比萨大教堂广场的斜塔。塔的南端和北端高低相差 70 厘米。

登着长长的螺旋形阶梯，渐渐感到头昏眼花。本来应当保持水平的地板和垂直的墙壁都倾斜着，这令人感到不适。爬到塔顶一看，远方的地平线也是斜的。回到公交车站时，末班车已经开走了，我只好步行 30 分钟回到火车站。尽管如此，今天真是大有收获。

比萨斜塔塔顶上可以眺望比萨街景，红色屋顶的景观令人难忘。从车站步行 30 分钟可到此。

德国

科隆大教堂

高速 ICE

Cologne Cathedral

列车数据与行驶路线

列车名	高速城际特快（ICE）		
运营公司	德国铁路（DB）		
起始站	法兰克福中央站		
终点站	科隆中央站		
车费	一等座：109欧元 二等座：67欧元		
行驶距离	180km	行驶时间	1小时23分
轨距,是否电气化	1435mm，电气化		
URL	www.bahn.com		
备注	ICE 列车无需预约也可以乘坐（除了 ICE-Sprinter）。科隆至法兰克福之间大多数的 ICE 列车都走高铁路线。		

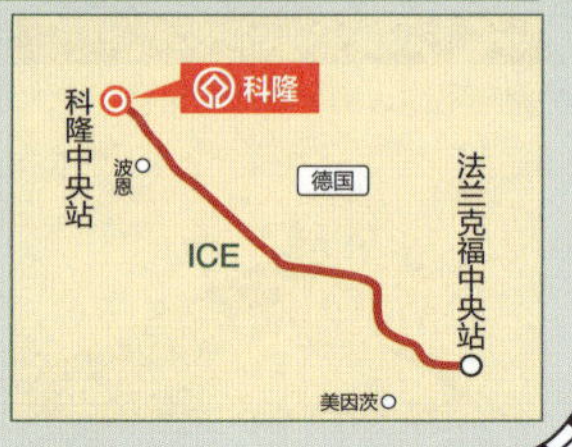

科隆大教堂位于德国西部的古都科隆莱茵河畔，如同双刃刺向天空。它的正式名称是查格特·彼得·玛利亚大教堂。纵深 114 米、最大宽度 86 米，两座尖塔的高度为 157 米，是世界最大的哥特式建筑。1996 年，被列为世界遗产。

科隆大教堂之旅从法兰克福中央站开始。我乘坐的是德国引以为傲的高速城际特快（ICE）。载客运营最高速度与法国的 TGV 列车相同，为时速 320 公里。也是日本新干线的竞争对手。

ICE 列车诞生于东德西德统一后的 1991 年。纯白色、配有深浅不同酒红色的流线型车辆，与以往粗犷的德国列车不同，采用了崭新的设计。其帅气的外形成为新生德国的象征，之后，逐步扩大运行路线，增加了班次。旧西德国内的主要城市通过 ICE 形成铁路网，也连接了旧东德的主要城市。

铁路纪念品 ICE 手表

法兰克福香肠是 ICE 餐车的传统菜。

德国铁路公司的高速列车 ICE3。时速 300 公里，连接法兰克福和科隆。

而且其不断推出新车

驾驶室和乘客车厢之间仅用玻璃窗隔开，乘客可以充分观赏驾驶室的情形。

餐车除了提供餐饮，还有正宗德国生啤。

ICE3 列车停在科隆中央站，站台的屋顶也十分漂亮。

高速列车 ICE3 行驶在世界遗产科隆大教堂下。从火车站步行仅 1 分钟。

型，其中 ICE3 的驾驶室和乘客座位之间仅采用了透明的玻璃隔开，这在整个欧洲也十分罕见。乘客们能仔细观察司机的驾驶，真让人兴奋。另一个诱人之处是它配备了餐车和酒吧车，可以一边欣赏窗外风景，一边品尝正宗德国生啤，实在是无与伦比的享受。

列车接近科隆中央站时，两座尖塔迎面而来。大教堂就在车站附近，步行 1 分钟就到了教堂入口。

仰望科隆大教堂。两座尖塔的高度为 157 米。

德国

中莱茵河谷上游地区

IC与KD莱茵

Upper Middle Rhine Valley

享有“父亲河”美誉的莱茵河全长1320公里，是欧洲最长的国际河流。他发挥了水上交通的重要作用，运送了无数物资和客流。莱茵河中部从科布伦茨到美因茨之间被称为“浪漫莱茵河”，两岸点缀着无数广大的葡萄园、古堡、修道院等古迹，是一派典型的德国美景。世界遗产的确不是浪得虚名。

我在科隆中央站乘坐连接德国各主要城市的长途特快列车IC（InterCity）。在铁路旁边的科隆大教堂的默默欢送下，向莱茵河进发。列车离开科隆，疾驰在一片工业地带。乘坐从科隆到美因茨的列车，请选择行进方向左侧的座位。这是享受这条线路的必要条件。如果没有空座位，可以在接近景点时，到车门附近站着观赏。特别是驶过科布伦茨站以后，一定要紧盯车窗外。相信浪漫莱茵河的美景值得您所做的这一切。

列车数据与行驶路线

列车名	国际特快列车（EC）或国内特快列车（IC）		
运营公司	德国铁路公司（DB）		
起始站	科隆中央站		
终点站	美因茨中央站		
车费	一等座：62欧元 二等座：38欧元		
行驶距离	188km	行驶时间	1小时57分
轨距，是否电气化	1435mm，电气化		
URL	www.bahn.com		
备注	科布伦茨—吕德斯海姆—美因茨之间可以乘坐KD莱茵公司运营的渡轮（4月至10月）。搭乘渡轮可以使用欧铁火车通票等车票。		

IC列车的咖啡厅，在这里可以品尝到正宗的德国啤酒。

DB的国内特快列车经由莱茵河谷开往科隆。

列车沿着莱茵河行进。对岸的古堡稍纵即逝，车窗外是覆盖着广阔丘陵地带的葡萄园，景色美不胜收。列车驶过圣郭尔斯豪森，远处山上巍然矗立着的是猫堡，而海涅的诗中提到的罗蕾莱

KD 莱茵游轮公司的轮船史特臣岩堡号逆流而上行驶在莱茵河上，左舷可以眺望罗蕾莱巨岩，在甲板上可以尽情欣赏莱茵河谷的美景。

KD 莱茵游轮的窗外，发现沿河岸飞驶的 DB 国际特快列车。

莱茵河中的法尔茨伯爵岛如同一艘大船。

KD 莱茵的领带夹，可以在船内购买。

巨岩也露出了身姿。莱茵河在巨岩下转了个急弯，可以看到鼠塔和法尔茨城堡。莱茵河在宾根附近开始，流向发生变化，东面是上流，终点美因茨已在前方。回程您可以乘坐科布伦茨至美因茨间的游览船。

KD 莱茵游轮停靠的圣郭尔斯豪森港口，距离罗蕾莱巨岩也不远。

KD 莱茵游轮的著名甜点草莓冰激凌

瑞士

少女峰
少女峰铁路

Swiss Alps Jungfrau-Aletsch

在瑞士西南部阿尔卑斯山脉北部，少女峰等四千多米的名山连绵不断、冰河广阔无垠。由于保持着良好的自然原生态，2001年被列为瑞士首个世界自然遗产。

如果要到达少女峰山顶，自己攀登实属不易。但是，如果乘坐少女峰铁路，谁都可以一饱眼福。

我在因特拉肯东站乘坐BOB（伯尔尼高地铁路），到达格林瓦德。在此换乘WAB（文根中层铁路）到达海拔2061米的少女峰下层铁路站。WAB铁路的轨距为800毫米，与轨距1000毫米的BOB铁路相比，车厢更为狭小，但小小身躯攀爬陡坡毫不费力。终于艾格峰、僧侣峰、少女峰三座大山出现在了眼前，真是一幅令人窒息的美景！

之后，我在小夏戴克车站换乘JB（少女峰铁路），只见一辆橙色和栗色相间的可爱电车整装待发。在此可以看到，少女峰和僧侣峰之间的山脊上，终点少女峰鞍部站的圆顶闪闪发光。那儿是欧洲海拔最高的火车站，被称为“欧洲之

列车数据与行驶路线

运营公司	少女峰铁路集团（BOB、WAB、JB）
起始站	因特拉肯东站
终点站	少女峰鞍部站
车费	一等座往返：203.40瑞士法郎 二等座往返：190.20瑞士法郎
行驶距离	37km（经由格林瓦德）
行驶时间	2小时17分（经由格林瓦德的最短时间）
轨距，是否电气化	1000mm和800mm，电气化
URL	www.jungfrau.ch

备　注　登顶需要换乘3趟列车，因特拉肯至格林瓦德之间为BOB铁路，格林瓦德至小夏戴克为WAB铁路，小夏戴克至少女峰鞍部站为JB铁路。9位以上的团体客需要预约。

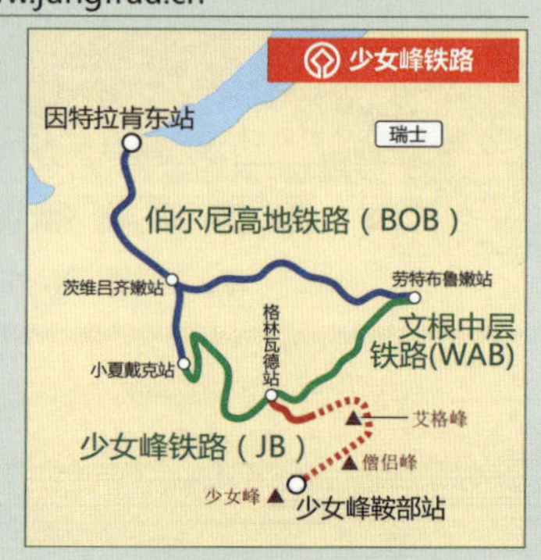

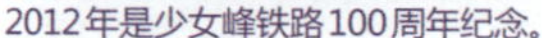

2012年是少女峰铁路100周年纪念。

列车在日本节那天会挂上日本国旗。

通往少女峰的第一站因特拉肯东站

少女峰铁路的登山火车行驶在陡坡上，目的地是海拔 3454 米的少女峰（中央山脊上的建筑）。

被夕阳染红的少女峰，摄于因特拉肯站。

通往少女峰的接力第一棒伯尔尼高地铁路

颠”。海拔为 3454 米，相当于富士山 9 合之处，与因特拉肯东站的落差有 2887 米之多。虽然到终点四分之三以上的路程是隧道，沿途无法欣赏美景，但“欧洲之颠”上的美景无与伦比。

少女峰接力第二棒文根中层铁路

瑞士

拉沃葡萄园梯田

SBB与MOB铁路

Lavaux, Vineyard Terraces

列车数据与行驶路线

运营公司	瑞士联邦铁路(SBB)
起始站	洛桑站
终点站	蒙特勒站
车费	二等座:5.70瑞士法郎
行驶距离	26km 行驶时间 21分(乘坐IR时)
轨距,是否电气化	1435mm,电气化
URL	www.sbb.ch
备注	被列为世界遗产的拉沃地区是从沃韦到吕特里的区域。如果想中途下车的话,可以乘坐近郊列车S-bahn。

瑞士
洛桑站
拉沃葡萄园
吕特里
瑞士联邦铁路(SBB)
莱蒙湖
沃韦
蒙特勒
法国

5月的瑞士太美妙了,空气透明清冽,远方的阿尔卑斯山顶白雪皑皑。清晨,我离开位于莱蒙湖畔交通要道的洛桑(国际奥林匹克总部所在地),去莱蒙湖畔的休闲疗养胜地蒙特勒。

列车是瑞士联邦铁路(SBB)的区间列车(InterRegio,简称IR),8点45分离开洛桑站,开往布里克(Brique)。发车后不久,行进方向右侧的车窗外出现了波光粼粼的湖面,那是莱蒙湖。列车继续前行,不一会儿出现了绿色的垄沟,那是葡萄园。莱蒙湖北岸是瑞士数一数二的葡萄酒产地。

优雅的SBB与MOB蒙特勒站

SBB列车员,手拿红色的乘务包。

区间列车驶入洛桑站。发车不久后可以看到广阔的葡萄园。

其中最具代表性的葡萄园是莱蒙湖畔吕特里到沃韦的“拉沃地区”,从11世纪左右开始葡萄的栽培,逐渐形成了现在的美丽景观。2007年被列为世界遗产。

从SBB列车车窗外欣赏拉沃地区的葡萄园和莱蒙湖景色约20分钟后,列车驶入蒙特勒站。在旁边的站台边,金色的列车整装待发,我确认了一下时刻表,原来那是9点45分从蒙特勒站发车的MOB(Montreux-

由普尔曼车厢组成的MOB 铁路金色经典列车行驶在蒙特勒的葡萄园。

MOB 铁路金色观景列车最前端的观景车厢

从 SBB 车窗眺望世界遗产拉沃葡萄园。

世界遗产拉沃地区的葡萄酿造出芳醇的美酒。吕特里是最近的车站。

Oberland Bernois）铁路公司的“金色观景列车”。最前端的观景车厢的车票不巧已经售完，我只好买了第二节车厢的座位票。列车发车后，左拐右拐、蜿蜒曲折地爬升在陡坡上，仅几分钟就到达俯瞰莱蒙湖湖景的高处。那儿也是连绵不断的葡萄田，也是葡萄酒的产地。

莱蒙湖上的西庸城堡。葡萄园梯田连绵不断，直至附近。

奥地利

萨尔茨堡老城

ÖBB铁路喷射列车

Historic Centre of the City of Salzburg

列车数据与行驶路线

列车名	铁路喷射列车（RJ）或国内特快（OIC）
运营公司	奥地利联邦铁路（ÖBB）
起始站	维也纳西站
终点站	萨尔茨堡中央站
车费	一等座：87.40欧元 二等座：49.90欧元
行驶距离	308km　行驶时间　2小时20分
轨距是否电气化	1435mm，电气化
URL	www.oebb.at
备注	RJ及OIC列车除了特等车厢，无需预约即可乘坐。Weatbanhn公司运营相同路线的列车，但不能使用铁路通票。

德国
捷克
RJ/OIC
萨尔茨堡中央站
林茨
维也纳西站
奥地利
萨尔茨堡
匈牙利

曾经奥地利联邦铁路（ÖBB）公司的国际特快（EC）列车从维也纳发车，途径萨尔茨堡、慕尼黑、斯图加特，最终到达巴黎。列车名叫“莫扎特号”。

然而，2007年巴黎到斯特拉斯堡之间开通了TGV东欧线，从巴黎到慕尼黑可以乘坐TGV直达。日本新干线开通后，废止了固有线路的传统列车，同样“莫扎特号”也在一片惋惜声中走下了舞台。

但是，ÖBB铁路公司开通了一趟特快列车来取代“莫扎特号”。它是连接维也纳、萨尔茨堡和慕尼黑的“铁路喷射列车”。在慕尼黑乘坐TGV列车，就可以完美再现当年的“莫扎特号”之旅。

ÖBB

萨尔茨堡中央站1999年改建成现代化的建筑。

ÖBB铁路引以为傲的铁路喷射列车，最高时速为230公里。

那么，就让我们开始现代“莫扎特号”铁路喷射列车之旅吧。始发站是维也纳西站。铁路喷射列车由4节二等车厢、2节一等车厢、1节特等车厢共7节车厢组成。特等车厢提供酒水饮料，按照乘车时间提供餐点，确保一个舒适美味的旅途。离开维也纳后2小时20分钟，

世界遗产萨尔茨堡老城，莫扎特诞生之地。尖塔后方是萨尔茨堡要塞。

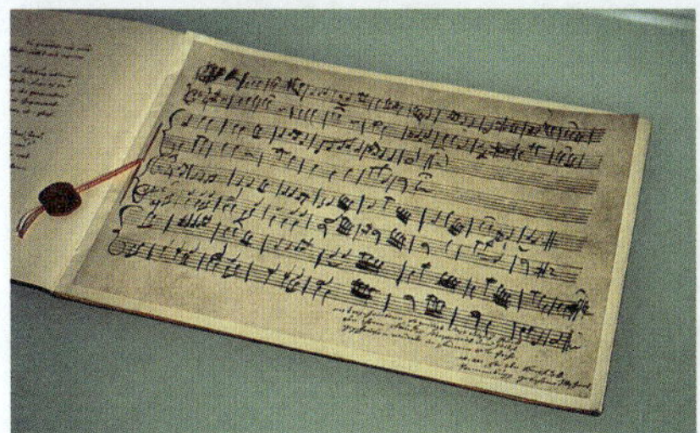
莫扎特的乐谱，展示于莫扎特出生的家。

特等车厢的早餐

铁路喷射列车的一等车厢，以其舒适性著称。

列车到达萨尔茨堡中央站。

下了火车，来到市区的萨尔茨堡盐河河畔，可以眺望尖塔林立的老城和屹立山上的萨尔茨堡要塞。这里便是萨尔茨堡老城，也是莫扎特诞生之地。

（上）萨尔茨堡老城莫扎特的家，他出生于该建筑的四楼。现在四楼展示着莫扎特亲笔书写的乐谱和使用过的乐器。（右）老城的莫扎特广场上，手中持笔的莫扎特像。

奥地利

维也纳老城

维也纳有轨电车

Historic Centre of Vienna

到达奥地利首都维也纳的列车，从茵斯布鲁克或者萨尔茨堡开来的会停在维也纳西站，从格拉茨或斯洛伐克的布拉迪斯拉发开来的会停在维也纳南站，从匈牙利的布达佩斯开来的列车则会根据列车的不同，停在西站或者南站。现在南站正在进行大规模的改建工程，预计2015年竣工，完工以后将改名为维也纳中央站。

无论列车到达的是维也纳西站还是维也纳中央站（南站），都可以在车站乘坐维也纳有轨电车。其线路总长172公里，在欧洲大城市中也是少有的规模。因此，在维也纳市内观光，可以说交通问题“包给有轨电车了”。

列车数据与行驶路线

列车名	维也纳有轨电车(Straßenbahn Wien)		
车费	单次票：2欧元（1个区间）24小时票：6.70欧元		
行驶距离	172km	轨距,是否电气化	1435mm，电气化
URL	www.wienerlinien.at		

备　注　维也纳市内地铁U-bahn、公交车、有轨电车可以通用车票。乘车前勿忘在车站或车内的打票机上打票。如果忘记打票，查票时将被处以罚金。其他还有售价11.70欧元的48小时票、14.50欧元的72小时票。

旧型有轨电车行驶在欧根王子大街上，新型有轨电车ULF正在逐步取代它。

有轨电车行驶在维也纳街头。英语是Tram，德语是Straßenbahn。

那么请看一下“列车数据”中的地图。有轨电车在市中心有一条环状线，从环状线上出发呈放射状延伸，可以说维也纳老城的世界遗产景点大多数集中在环状线附近。圣斯特凡大教堂、王宫、国家歌剧院、霍夫堡宫、市政厅、维也纳大学、国会议事堂等等，都和呈环状线的电车站近在咫尺。只有贝尔佛第宫和香布伦宫稍远，但

位于维也纳老城的世界遗产之一贝尔佛第宫是欧根王子的夏宫。贝尔佛第是美景之意。

宫殿正门上的狮子立像。

贝尔佛第宫殿大门，狮子像是代表性的标志。

保时捷设计的超低地板有轨电车 ULF (Ultra Low Floor)

坐上电车也可以轻而易举地到达。

这条环状路线以前像日本的山手线一样循环，2008 年开始需要在瑞典广场车站换乘。但是环城观光有轨电车（Ring Tram）可以循环一圈，不必换乘。

（上）维也纳南站东口。现在正在进行改建工程。中央站竣工时，南站这一称谓将消失。
（右）维也纳中央站正在施工中，这里将成为一个规模宏大的火车总站。有轨电车穿梭在施工现场。

布鲁塞尔大广场

高速列车大力士

La Grand-Place, Brussels

列车数据与行驶路线

列车名	大力士（Thalys）		
运营公司	大力士国际公司（Thalys International）		
起始站	巴黎北站		
终点站	布鲁塞尔南站		
车费	一等座：141欧元 二等座：79欧元		
行驶距离	312km	行驶时间	1小时22分
轨距，是否电气化	1435mm，电气化		
URL	www.thalys.com		
备注	大力士全车座位对号入座，需要预约，设有各种票价。一等车厢根据时间提供不同餐饮（除周日和节假日）。		

“大力士”是行驶在巴黎、布鲁塞尔、阿姆斯特丹和科隆之间的国际特快列车。据说“大力士”（Thalys）这个名字是选择了沿途经过的法国、比利时、荷兰、德国四国语言发音都动听的单词。因此，名字本身没有特别的意思。但是，酒红色的大力士令人感到强大的气场。最高时速为 300 公里，从始发站巴黎北站到布鲁塞尔南站，共 312 公里的路程，用时 1 小时 22 分。

大力士 U 盘纪念品

列车共 8 节车厢，由一等车厢、二等车厢和餐车组成。乘客人数多时，另加 2 节车厢。没有检票口和事先检查，所以发车前跳上车也来得及。但没有购票，或者未在站台打票机上打票，都属于违规行为，请务必留意。

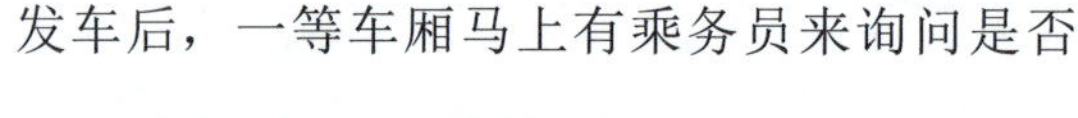

发车后，一等车厢马上有乘务员来询问是否

大力士的一等车厢提供餐饮。

布鲁塞尔的撒尿小童

大力士以300 公里的最高时速飞驰在TGV 北欧线。

世界遗产布鲁塞尔大广场，被称赞为“世界最豪华的广场”和“美仑美奂的剧场”。

需要预定出租车，以便乘客到站后能立即坐上出租车。接下去是用餐时间，免费提供带葡萄酒和咖啡的餐饮。根据乘车时间，分午餐或晚餐。到达布鲁塞尔前一个多小时的时间内，以优质的服务提供从餐前酒到餐后酒的全套餐点，实在令人佩服。

世界遗产布鲁塞尔大广场地处旧城区的中心位置。大文豪维克多·雨果曾赞美这里是“世界上最美丽奢华的广场”。广场周围的建筑也十分美观。

高速列车大力士和欧洲之星列车车站——布鲁塞尔南站

比利时

布鲁日历史街区

SNCB（比利时国家铁路）

Historic Centre of Brugge

古城布鲁日是被称为“北方威尼斯”的运河之城。街中河渠如网，古老的建筑倒映在河面上，独具风情。布鲁日在中世纪作为汉萨同盟的中心地繁荣起来，羊毛纺织业迅速得到发展，在这里成立了欧洲第一家证券交易所。布鲁日成为欧洲最大的商业城市，名震一时。然而，到了15世纪末，由于水路淤塞，商船无法航行，城市的活力渐渐衰退了。因为没有来得及进行现代化的发展，保留了中世纪的景观，使整座城市具有珍贵的价值，被称为“没有屋顶的博物馆”。2000年被列入世界遗产。

从布鲁塞尔到布鲁日乘坐列车大约1小时，因此可以当日往返。

列车数据与行驶路线

列车名	国内特快(IC)		
运营公司	比利时国家铁路(SNCB)		
起始站	布鲁塞尔南站		
终点站	布鲁日站		
车费	一等座:20.70欧元 二等座:13.50欧元		
行驶距离	92km	行驶时间	57分
轨距,是否电气化	1435mm，电气化		
URL	www.belginarail.be		

备注 国内特快列车与普通快车一样，无需预约，凭车票乘坐，1小时1班。从布鲁日站到旧城区步行约20分钟。

荷兰
布鲁日站
国内特快列车
布鲁日
布鲁塞尔南站
法国
比利时

布鲁日站是古城水城布鲁日的大门。

停靠在安特卫普站开往布鲁日的国内特快列车，如同救生圈一般的车头引人注目。

在布鲁塞尔南站准备乘坐比利时国铁（SNCB）的国内特快（IC），站台上等候发车的列车车头竟然像戴着一个橡皮救生圈。我不由给它取了个绰号叫“救生圈小子”，独具个性的形象实在令人忍俊不禁。SNCB拥有不少造型独特的列车，比如还有像戴着游泳眼镜的“游泳镜小子”。旅途中能遇到这样独特的列车，平添不少乐趣。另外，SNCB的标志是“B”，但请放心，这并不意味着“二等列车”。

世界遗产布鲁日的钟楼，到高达88米的楼顶共366级台阶。

世界遗产本笃会修道院，1245年由佛兰德伯爵夫人设立。

黄昏的布鲁日历史街区。运河中倒映着中世纪建筑，仿佛在诉说一段古老的历史。

在布鲁日站下车后，一出站眼前便是世界遗产旧城区的入口，可以步行约20分钟到景点集中的中心部分。城中可以徒步游览，或者不妨乘坐运河游览船，体验布鲁日往昔的辉煌。

（上）标志是“B”的SNCB国内特快列车和女乘务员。女乘务员在比利时国铁并不罕见。
（右）行驶在运河的观光船。另外，布鲁日是“桥梁”的意思。市内有50座以上精美的桥梁。

荷兰

金德代克埃尔斯豪特风车群

NS（荷兰铁路）

Mill Network at Kinderdijk-Elshout

列车数据与行驶路线

列车名	国内特快列车
运营公司	荷兰铁路（NS）
起始站	阿姆斯特丹中央站
终点站	鹿特丹罗姆巴代金站
车费	一等座：24.80欧元 二等座：14.60欧元
行驶距离	82km（至鹿特丹罗姆巴代金站）
行驶时间	1小时25分(在海牙站换乘，所需最短时间)
轨距,是否电气化	1435mm，电气化
URL	www.ns.nl
备注	也可乘坐高速列车大力士或 Fyra，在鹿特丹中央站换乘（最快需 50 分钟）。从鹿特丹罗姆巴代金站乘坐 90 路公交车（开往乌特勒支）约 35 分钟（车费 3.09 欧元）。

北海
国内特快
"短跑选手"
阿姆斯特丹中央站
海牙
（巴士）
金德代克
鹿特丹
罗姆巴代金站
荷兰

位于荷兰鹿特丹东南方的水乡金德代克村内，矗立着 18 世纪建造的 19 架风车。荷兰海拔 0 米以下、地势低洼，抽水风车既用来预防水灾，将湿地变为良田，又成为磨粉、制造木材的动力，支撑着荷兰的产业。然而，使用电力和石油的排水设备逐渐取代了风车，风车从原有的 1 万架减少到了现在的 950 多架。

为了去金德代克，我在阿姆斯特丹中央站坐上了荷兰铁路（NS）的国内特快（IC）列车。途中，车窗外是一派壮美辽阔的田园风光。约 1 小时 30 分后，列车到达鹿特丹罗姆巴代金（Lombardijen）站。从车站乘坐开往乌特勒支的巴士，约 35 分钟后，逐渐看到了风车的身姿。数架大风车威风凛凛地排列在一起的画面，实在震撼人心。

到达阿姆斯特丹中央站的"新狗鼻"国内特快"短跑选手"列车

NS 的"短跑选手"列车在荷兰之角站。

荷兰的列车之旅十分舒适。由于国土处于海平面以下，长久以来荷兰人对抗松软的地基，费尽心血，建造铁路。由此锤炼出的路基施工技术得到了世界的一致好评。荷兰拥有世界上数一数

世界遗产金德代克的风车群。保留了 19 架 18 世纪 40 年代建造的风车。摄影：Kiyomi Yui（居住于阿姆斯特丹）

1954 年批量生产的第一辆“狗鼻”列车初次亮相。

最后坚守在岗位的“狗鼻列车”，摄于海牙站。

铁路纪念品“狗鼻列车”徽章

二的铁路网，在欧洲荷兰铁路具有举足轻重的地位。曾经白天行驶的、将欧洲主要城市连接起来的全欧快车 TEE（Trans Europ Express），是通过当时的荷兰国铁总裁的提倡而实现的。即便如今，在欧洲各国行驶着的城际列车 IC 也是源自荷兰国铁的设想。IC 的设计是划时代的，优先考虑了乘客的便捷性。如每小时同一时间在同一站台发车，因此无需时刻表；在同一站台换乘等等。这个办法也被运用到日本的新干线上。

车站内的图形标识

无障碍设计的列车门

荷兰

阿姆斯特丹17世纪环状运河带

阿姆斯特丹有轨电车

Seventeenth-century canal ring area of Amsterdam inside the Singelgracht

列车数据与行驶路线

列车名	阿姆斯特丹有轨电车（Amsterdam Tram）
运营公司	阿姆斯特丹市营交通公司（GVB）
行驶路线	1、2、3、4、5、7、9、10、12、13、14、16、17、24、25、26
车费	1小时票：2.70欧元 1日票：7.50欧元
轨距,是否电气化	1435mm，电气化
URL	www.gvb.nl
备注	GVB车票称为“OV-chipkaart”，是IC卡票，没有纸制车票。有轨电车、地铁、公交车通用。在有轨电车内只能购买1小时票。

到达荷兰首都阿姆斯特丹的第一站是1889年建成使用的阿姆斯特丹中央站，它以融合了哥特式和文艺复兴式的建筑设计而闻名。在站前，可以乘坐阿姆斯特丹有轨电车，它是市内游览重要的交通工具。由于旧城内道路狭窄，汽车难以进入，而有轨电车弥补了这个缺点。电车路线呈环状和放射状，纵横交错，十分便捷。

GVB

阿姆斯特丹中央站于1889年竣工，由红砖砌成的外观美观大方。

乘坐有轨电车去观光景点也很方便。车票是一张IC卡，有轨电车、地铁、公交车可通用，分1日票和2日票等。我在阿姆斯特丹逗留了4天，因此购买了96小时票。然而，在最后一天，不幸的事发生了，我遗失了车票。在欧洲检票时没有携带车票、遗忘、丢失、没时间购买，无论何种理由，都将被处以罚款。我老老实实地告诉了女乘务员，做好了罚款的心里准备。但她问：“1小时票？还是1日票？”看来是酌情处理的。我当即购买了1日票。

阿姆斯特丹有轨电车陆续发车驶离阿姆斯特丹中央站。

如同有轨电车一般，阿姆斯特丹城内的

世界遗产阿姆斯特丹 17 世纪环状运河带。运河沿岸的建筑独具个性，趣味盎然。

1671 年建造的玛格尔吊桥的装饰灯光映照在运河上。

广场 I amsterdam 的招牌

运河也纵横交错。16 世纪末到 17 世纪初，为了建设新的港湾城市，开挖了这些运河。2010 年，被最外侧的大运河——辛厄尔运河环绕的地区被认定为世界遗产。乘坐有轨电车游览市内，乘坐游览船欣赏运河风光，这样才能充分品味阿姆斯特丹的历史和魅力吧。

（上）铁路纪念品，阿姆斯特丹中央站磁铁

（右）阿姆斯特丹新型有轨电车 Combino 驶过铸币广场的拐角。

希腊

雅典地铁

雅典卫城

Acropolis, Athens

列车数据与行驶路线

列车名	雅典有轨电车（Athens Tram）		
运营公司	Tram S.A.（Τραμ A.E.）		
行驶路线	T1、T2、T3		
车　　费	90分钟票：1.40欧元　24小时票：4欧元		
行驶距离	27km	轨距,是否电气化	1435mm，电气化
U R L	www.stasy.gr		

备　注　有轨电车车票与地铁、公交车通用。乘坐前需要在自动检票机上打票。持无效票或未打票乘车，将被处以车费60倍的罚金。

拉里萨
迈达苏伊奥
欧摩尼亚
雅典2号地线铁
希腊
锡塔玛
雅典卫城 帕特农神庙
雅典卫城

希腊首都雅典的世界遗产是雅典卫城（Acropolis），在希腊语中，意为“高丘上的城邦”。的确如此，从雅典市中心，只要没有建筑阻碍视线，就能远望到耸立在山丘上的帕特农神庙等雅典卫城的建筑物。从市内可以徒步前往，如果乘坐公共交通的话，建议您选择地铁。

雅典地铁1号线终点站比雷埃夫斯站。1号线车站基本上都在地面上。

雅典的地铁现在从1号线到3号线共有三条线。距雅典卫城最近的地铁站是2号线（红线）的雅典卫城站。2号线从安东尼奥站到圣德米特里站，全长11公里，中途在拉里萨站可以到雅典拉里萨火车站换乘希腊铁路（OSE）。从欧洲各地或伊斯坦布尔等地乘坐国际列车，到达雅典后，也只要换乘地铁就能够方便快捷地到达世界遗产雅典卫城。不过，雅典卫城位于山丘之上，从地铁出口出来后，一路都是上坡路。

位于雅典中央火车站正下方的地铁拉里萨站，地铁2号线停靠在站台旁。

如果搭乘飞机到达雅典国际机场后，可以在雅典国际机场站乘坐地铁3号线（蓝线），在锡塔玛广场地铁站换乘2号线，坐一站便是雅典卫城站，也很方便。

厄瑞克赛翁的六尊女像柱

宙斯神庙的科林斯式石柱

希腊铁路的雅典中央站

世界遗产雅典卫城帕特农神庙，保留下了46根多利亚式石柱。

从雅典卫城远眺雅典市区，下面就是古代广场的赫菲斯托斯神庙。

1号线于1869年通车，是雅典最早的地铁。基本上在地面上行驶，因此可以欣赏到市内风光。终点站比雷埃夫斯站前就是爱琴海边的比雷埃夫斯港。

（上）渡轮驶入比雷埃夫斯港。在前方的比雷埃夫斯新港可以乘坐豪华邮轮，游览爱琴海。
（右）柴油机车到达希腊铁路的终点站比雷埃夫斯站。这一刻仿佛时间静止了。

西班牙

塔拉戈纳考古遗址群

高速列车塔尔高

Archaeological Ensemble of Tárraco

Talgo

列车数据与行驶路线

列车名	Euromed/Alaris/Talgo
运营公司	西班牙国家铁路(RENFE)
起始站	巴塞罗那桑兹站
终点站	塔拉戈纳站
车费	一等座：34.20欧元 二等座：20.80欧元 (Euromed车费) 一等座：24.80欧元 二等座：18.70欧元 (Talgo车费)
行驶距离	85km　行驶时间　45分
轨距，是否电气化	1668mm，电气化
URL	www.renfe.com
备注	Euromed、Alaris、Talgo 全车座位对号入座，需要预约座位。如果乘坐快速列车 Regionales Express 需要 1 小时 23 分，二等普座车费为 7.05 欧元。

西班牙　巴塞罗那桑兹站　塔拉戈纳考古遗址群　塔拉戈纳站　Euromed Alaris Talgo　地中海

西班牙的超级列车是塔尔高（Talgo），在西班牙语中意为“列车、关节、计量”，是由 2 位设计师名字的首字母组合而成的。欧洲大陆的轨矩以标准轨（1435 毫米）为基准，而西班牙、葡萄牙、俄罗斯三国采用了比标准轨宽的宽轨铁路。西班牙和俄罗斯采用宽轨，是因为曾经遭受拿破仑军队的侵略，损失惨重。为了历史不再重演，他们选择了与法国不同的轨距。然而，到如今不同轨距使列车无法直通欧洲各国，带来了诸多不便。

于是，塔尔高列车被发明出来了。即便是轨距不同的铁路，列车也无需更换车架，如被施了魔法般自由自在地行驶。简而言之，在宽轨铁路上，车轮呈外八字状，在标准轨铁路上，则呈内八字状。由此实现了列车直通外国，此技术也广泛使用在国际列车上。

巴塞罗那桑兹站是去马德里、塔拉戈纳等地的始发站。

从塔拉戈纳站发车的 AVE 最新型子弹头列车 S130，最高时速达 250 公里。

我乘坐塔尔高列车，向古罗马时代遗迹的塔拉戈纳进发。始发站是巴塞罗那桑兹站，距塔拉戈纳 85 公里，行驶时间为 45 分钟。去程请坐在行驶方向左侧的座位，可

世界遗产塔拉戈纳考古遗址群的代表性建筑——圆形竞技场

圆形竞技场的前方是黄金海岸。

Euromed 列车行驶在世界遗产塔拉戈纳考古遗址群。这是第一代 AVE 宽轨版列车。

西班牙铁路双层近郊列车飞驶在黄金海岸。

塔尔高 200 列车飞驰在湛蓝的地中海旁。由机车头牵引的塔尔高列车也渐渐少了。

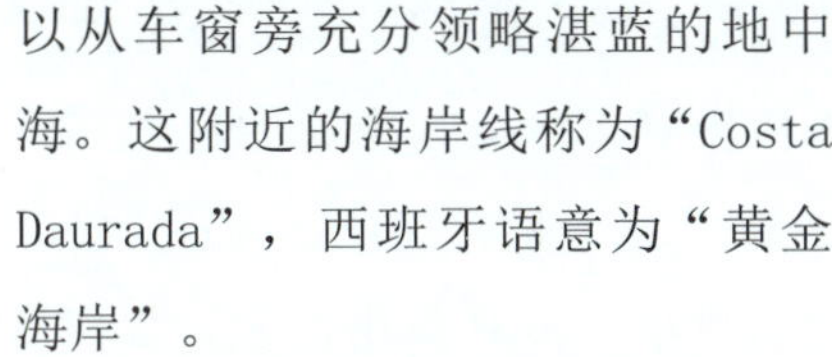

以从车窗旁充分领略湛蓝的地中海。这附近的海岸线称为“Costa Daurada”，西班牙语意为“黄金海岸”。

塔拉戈纳在古罗马时代是伊比利亚半岛规模最大的城市。现在保留了城墙和圆形竞技场等众多遗迹，能感受到往日的辉煌。2000 年，被认定为世界遗产。

加泰罗尼亚铁道博物馆内的第一代塔尔高列车，车内展示着独裁者佛朗哥总统乘车时的照片。

西班牙

塞哥维亚老城镇及其输水道

短途高速列车 Avant

Old Town of Segovia and its Aqueduct

renfe Avant

列车数据与行驶路线

列车名	短途高速列车(Avant)		
运营公司	西班牙国家铁路(RENFE)		
起始站	马德里查马汀站		
终点站	塞哥维亚新站		
车费	二等座：12.10 欧元		
行驶距离	68km	行驶时间	27分
轨距.是否电气化	1435mm，电气化		
URL	www.renfe.com		

备　注 Avant 全车座位对号入座，需要预约座位。Avant 列车到达塞哥维亚新站后，可以乘坐 11 路公交车去世界遗产输水桥，约 20 分钟。

塞哥维亚新站
塞哥维亚
西班牙
Avant
马德里查马汀站

马德里查马汀站是个大站，从巴黎、里斯本发车的国际列车以及新干线的列车频繁地在此发车和到达。我从这里乘坐西班牙国家铁路公司的高速列车 AV（Avant）S114，目的地是世界遗产塞哥维亚。AV S114 列车由意大利制造，最高时速为 250 公里。AV 是中短距离列车，全车只有二等座，全部需要对号入座。马德里与塞哥维亚相距 68 公里。离开马德里不久，就能看到一派田园风光。列车继续保持高速行驶，27 分钟后到达塞哥维亚新站。

塞哥维亚地处海拔 1000 米的高原，夏天平均气温仅 20 度，凉爽舒适。从车站到世界遗产的标志性建筑输水桥，乘坐巴士约 20 分钟。输水桥横穿市中心，全长 958 米，高 28.1 米，是一座建造于公元 1 世纪的双层石拱桥。没有使用泥灰，仅靠 2 万块石头建成 120 根石柱和 160 多个拱形。据说一直使用到 19 世纪，令人不由钦佩罗马人高超的技术水平。而且至今没有崩塌，保留了当时的风貌。同样建于罗马时代的法国加尔桥线条

马德里查马汀站是去塞哥维亚方向的起始站。

Avant S114 列车到达塞哥维亚站。可以说是AVE 列车的后辈。

世界遗产塞哥维亚输水桥。公元 1 世纪由罗马人所建。全长 958 米，高 28.1 米，由 2 万块石头搭建而成。

穆德哈尔之家水疗酒家是塞哥维亚具有代表性的温泉酒店。

塞哥维亚城堡是迪斯尼公主城堡的原型。

粗犷、威风凛凛，而塞哥维亚输水桥则细致精巧，充满了女人味。

位于旧城内圣马丁广场的大主教堂历经 200 年竣工，是一座美丽优雅的教堂，被称为“大教堂的贵妇人”。迪斯尼公主城堡的原型塞哥维亚城堡也不可错过。

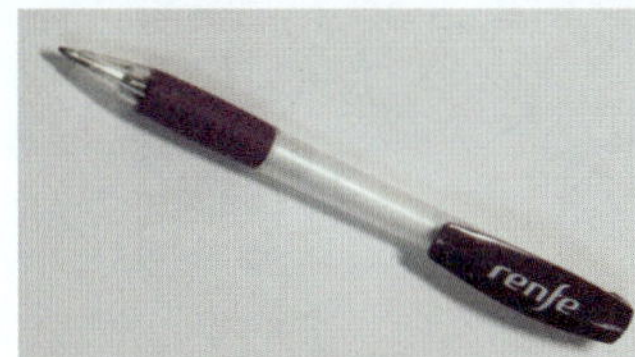

（上）RENFE 纪念品圆珠笔

（右）塞哥维亚大主教堂被称为“大教堂的贵妇人”，与塞哥维亚城堡一同被列入世界遗产名录。

西班牙

安东尼·高迪的建筑

短途高速列车 AVE

Works of Antoni Gaudí

在西班牙众多的世界遗产中，特别引人注目的是位于加泰罗尼亚自治区首府巴塞罗那的天才建筑师安东尼·高迪的建筑作品。

在巴塞罗那乘坐地铁可以方便地到达各个景点，如在地铁圣家堂站下车可以到达大名鼎鼎的圣家族大教堂，在莱塞普斯站(Vallcarca)下车可以到达拥有世界最长长椅的古埃尔公园，在利塞乌站下车可以到达古埃尔宫。在此，我想重点介绍一下首都马德里到巴塞罗那的铁路之旅。

以往西班牙的铁路给人的印象并不好，速度慢、晚点、摇晃得厉害，也曾被取笑道：“比利牛斯山脉对面不是欧洲”。但 1992 年通车的马德里至赛维利亚（470 公里）的新干线 AVE 消除了这些负面形象。因为西班牙国铁竟然做出令人难以相信的承诺：“晚点 5 分钟以上全额退款”。

在这个举措获得成功后，2008 年马德里至巴塞罗那（621 公里）的新干线全线通车。由于距离变长，退款条件改为晚点“30 分钟以上”，

列车数据与行驶路线

列车名	AVE
运营公司	西班牙国家铁路(RENFE)
起始站	马德里阿托查站
终点站	巴塞罗那桑兹站
车费	特等座：254.50欧元 一等座：212.10欧元 二等座：141.40欧元
行驶距离	621km　行驶时间 2小时30分
轨距,是否电气化	1435mm，电气化
URL	www.renfe.com
备注	AVE全车座位对号入座，需要预约座位。特等车厢(Club)和一等车厢(Preferente)按照不同时间段向乘客提供饮食。乘车前需要检查随身物品，请提早到车站。

AVE 列车的酒吧车厢

触屏式西班牙国铁售票机

AVE 列车到达巴塞罗那桑兹站，酷似昆虫复眼的车头别具一格。

高迪作品之一，古埃尔公园的世界最长长椅。

该作品上的瓷砖采用了回收的废旧材料。

古埃尔公园的蜥蜴，拍摄纪念照的人气地点。

世界遗产安东尼·高迪的建筑作品代表作圣家族大教堂，计划2026年竣工。

但与日本新干线“晚点2小时以上仅退特快票车费”的规定相比，不由令人对西班牙人的决心感到佩服。

马德里至巴塞罗那间中途不靠站，需要2小时30分。从终点站巴塞罗那桑兹站乘坐地铁5号线6站，即到圣家族大教堂。

（上）RENFE的洗漱套装
（右）AVE商务车厢的午餐，主菜是鱼。

葡萄牙

热罗尼姆斯修道院和贝伦塔

里斯本有轨电车

Monastery of the Hieronymites and Tower of Belém in Lisbon

列车数据与行驶路线

列车名	里斯本有轨电车
运营公司	里斯本电车公司(Carris)
行驶路线	12、15、18、25、28
车费	单次票：2.85欧元
行驶距离	27km ｜ 轨距,是否电气化 1435mm，电气化
URL	www.carris.pt
备注	有一种叫 7 Colinas 的储值式 1 日票（5 欧元），地铁、公交车、地面缆车、架空索道、有轨电车和圣胡斯塔电梯通用。去热罗尼姆斯修道院和贝伦塔，可以乘坐 15 路有轨电车。

葡萄牙在大航海时代不断向外洋探险，从而积累了巨大的财富。里斯本成为世界贸易的中心城市，如今矗立在市内的热罗尼姆斯修道院和贝伦塔依然可以令人感受到当时的繁荣景象。

里斯本被称为“七丘之城”，城市位于山丘之上，多坡路。缆车、有轨电车和电梯等交通工具为市民们上坡提供了有力的帮助。这些交通工具的车票可以通用，乘坐它们去参观世界遗产也很方便。

里斯本的火车终点站之一罗西欧站附近行驶着 3 台地面缆车。乘车时间虽仅 2、3 分钟，但与步行相比，攀爬 30 度左右的坡路大大省力。市营有轨电车共 5 条线，不仅行驶在宽阔的大路上，也行驶在深深的小巷中。有轨电车低低擦过民宅的屋檐和晾晒的衣物，是里斯本独有的风光。罗西欧站附近还有历史悠久的圣胡斯塔电梯，同样是市民们频繁使用的交通工具之一。屋顶上有咖啡屋，同时也是展望台，可以一览无遗地俯瞰街景，是个热闹的休闲胜地。

可爱的里斯本电车模型

地面缆车的双联菱形集电弓

里斯本著名的地面缆车

有轨电车行驶在里斯本市内，葡萄牙语叫Eléctrico。

雕刻精致的热罗尼姆斯修道院回廊

热罗尼姆斯修道院内部，达·伽马之墓也在此。

地面缆车车厢是开放式的，车内装饰得古色古香。

世界遗产热罗尼姆斯修道院，国王曼努埃尔一世为了纪念恩里克王子和达·伽马的伟业而建造的。

去热罗尼姆斯修道院和贝伦塔，可以在菲戈意拉广场乘坐经由修道院前的15路电车。修道院内的圣玛利亚教堂里安放着达·伽马的棺椁。往特茹河方向出了修道院，沿着地下通道跨越铁路后，便是发现者纪念碑。从这里步行10分钟，就到了贝伦塔。从露台仰望湛蓝的天空，令人神清气爽。

世界遗产贝伦塔，司马辽太郎曾赞美它为“特茹河的公主”。

丹麦

克隆堡宫

DSB（丹麦国家铁路）

Kronborg Castle

列车数据与行驶路线

列车名	Ør–tog（普通列车）
运营公司	丹麦国家铁路(DSB)
起始站	哥本哈根中央站
终点站	赫尔辛格站
车费	49丹麦克朗
行驶距离	46km ｜ 行驶时间 44分
轨距，是否电气化	1435mm，电气化
URL	www.dsb.dk

备注 哥本哈根到赫尔辛格之间1小时往返1至3趟。由于是普通列车，不可预约座位，凭普通车票即可乘坐。从车站至克隆堡宫步行约15分钟。

赫尔辛格
克隆堡宫
瑞典
Ør-tog
厄勒海峡
丹麦
哥本哈根中央

丹麦由众多岛屿和半岛构成，以维京海盗为代表，自古以来丹麦人擅长造船，是世界闻名的海运国。铁路也存在不少铁路渡船，列车途经数岛、跨海而去，因此被称为“候鸟路线”，但近年来随着海底隧道和跨海大桥的相继竣工，列车乘坐渡船跨海而去的奇妙景象已经一去不复返了。

丹麦和瑞典的边境厄勒海峡（亦称松德海峡）位于作为莎士比亚戏剧《哈姆雷特》的舞台而闻名的世界遗产克隆堡宫城下，曾经是铁路渡船的重要航路。2000年由跨海大桥和海底隧道构成的全长10公里的“厄勒海峡铁路与道路”建成通车，结束了用铁路渡船来运送列车的历史。然而渡船本身并没有停航，可以从船上欣赏克隆堡宫。

哥本哈根中央站的三角形屋顶如同安徒生童话世界一般。

从丹麦首都哥本哈根乘坐丹麦国铁（DSB），约45分钟到达终点站赫尔辛格。车站位于列车行驶方向的左侧，右侧是渡船终点站。到2000年为止，列车可以直接乘上渡船，

DSB普通列车停在哥本哈根中央站，车头形状独特。

世界遗产克隆堡宫，它是莎士比亚戏剧《哈姆雷特》中艾尔辛诺城堡的原型。

从渡轮的甲板上眺望克隆堡宫。

从赫尔辛格站前眺望克隆堡宫。

DSB 车厢内宽敞舒适，适合身材高大的北欧人。

直通瑞典铁路（SJ）。从赫尔辛格站在旧城区步行15 分钟可以到达世界遗产克隆堡宫。或从车站旁乘坐开往赫尔辛堡的渡轮，可以从船上观赏克隆堡宫。厄勒海峡中央是国境线，后方是丹麦，前方是瑞典。

（上）从赫尔辛格至赫尔辛堡的渡轮甲板上遥望厄勒海峡。横渡海峡需20 分钟。
（右）2000 年海底隧道开通之前用渡船运送列车已永久地成为了记忆。

布吕根的卑尔根地区

NSB布吕根快车

Bryggen

布吕根铁路是挪威铁路中数一数二的干线铁路，连接首都奥斯陆和世界遗产港口城市布吕根。也是一条穿越海拔最高地的高山线路，名声在外，在欧洲也广受欢迎。

8点11分，布吕根快车61列车驶出奥斯陆中央站。这是一辆蓝色和银色相间的倾斜式特快列车。车头上署有设计该列车的挪威工业设计师特里亚·梅耶的签名“MEYER”。车厢内设置了温暖舒适的天然原木座椅，让旅客倍感温馨。而且令人高兴的是，还设有孩子的游戏屋。

途中到达耶卢站为止，车窗外一直是郁郁葱葱的森林。驶过耶卢站后，映入眼帘的是灌木丛生、岩石嶙峋的荒凉景象。因为列车已经到达斯堪的纳维亚山脉了。海拔虽然仅1000米，但由于纬度高，已经跨越了森林界限。12点25分列车到达挪威铁路的最高点——海拔1222米的芬瑟站。虽然时值6月，但周围一片白色世界，车站的温度计指向零下2度。我难以忍受寒冷，退回车内。之后，布吕根快车发挥它摆动的特点，顺着斯堪的纳维亚山脉飞驶而下。经过沃斯站后，窗外重新出现了绿色森林。终点站布

列车数据与行驶路线

列车名	布吕根快车		
运营公司	挪威铁路(NSB)		
起始站	奥斯陆中央站		
终点站	布吕根站		
车费	二等座：804挪威克朗		
行驶距离	489km	行驶时间	6小时41分
轨距，是否电气化	1435mm，电气化		
URL	www.nsb.no		

备注 布吕根快车的列车种类属于Regiontog，无需预约座位也可乘坐。夏季车票紧张，建议您预先订位。相当于一等车厢的NSB Komfort需要另付90挪威克朗。

终点站布吕根站，也是电影《奥霍顿》的拍摄地。

雪后天晴，NSB布吕根快车Signature行驶在斯堪的纳维亚山脉。

世界遗产布吕根的卑尔根地区。为成为北欧最大的港口城市而作出了贡献的汉萨商人建造的木屋群。

挪威铁路纪念品保湿喷雾

布吕根快车餐车内的小卖店

布吕根快车始发站奥斯陆中央站

吕根站也不远了。

在汉萨同盟时代，卑尔根是德国商人的聚居地。从车站步行10分钟，眼前出现了许多颜色各异的三角屋顶建筑物，这些建筑曾作为商馆和住宅使用。真是一幅独特的景观。

（上）从弗洛伊恩山俯瞰布吕根市貌。峡湾的大海如同湖泊一般，波澜不惊。
（右）夕阳照耀下的世界遗产卑尔根地区木屋群，现在成了礼品店和餐厅等。

挪威

纳柔依峡湾

弗洛姆铁路

West Norwegian Fjords - Geirangerfjord and Nærøyfjord

挪威西海岸布满峡湾地形。松恩峡湾拥有世界第一的长度和深度。其中最深的是纳柔依峡湾，长达200公里，被称为最美丽的峡湾。2005年，纳柔依峡湾被收录进世界遗产名录。

布吕根快车离开奥斯陆中央站行驶约4.5个小时后，12点53分到达山里的米达尔。这里位于斯堪的纳维亚山脉。多数乘客在此换乘弗洛姆铁路的列车。这是一条全长20公里的慢车路线，但却是被称为挪威铁路史上最高杰作的人气铁路。雅致的绿色车厢上写着隧道的数目、弗洛姆站的海拔等，这一切都令铁路迷们激动不已。

列车一开动就开始下坡，下坡角度为55‰。进入隧道后，开始一鼓作气下坡。列车穿过隧道后，乘客们齐声欢呼。眼前是垂直的断崖绝壁，在冰河侵蚀下形成的U形山谷张开着大大的裂口。列车如同攀附在绝壁上一般，缓缓前行。我感到背上发毛、十分刺激。令人兴奋的50分钟转瞬即逝，列车到达了终点站弗洛姆站。

站台前方便是松恩峡湾。换乘从

列车数据与行驶路线

运营公司	弗洛姆铁路等		
起始站	米达尔站	终点站	沃斯站
车费	705挪威克朗（挪威缩影Norway nutshell：沃斯出发周游车费）		
行驶距离	20km（弗洛姆铁路：米达尔至弗洛姆）		
行驶时间	4小时55分（夏季整个行程最短耗时）		
轨距，是否电气化	1435mm，电气化（弗洛姆铁路）		
URL	www.norwaynutshell.com		

备　注　米达尔到弗洛姆乘坐弗洛姆铁路的列车，弗洛姆到居德旺恩乘坐渡船，居德旺恩到沃斯乘坐大巴。乘坐渡船需时约1小时50分。

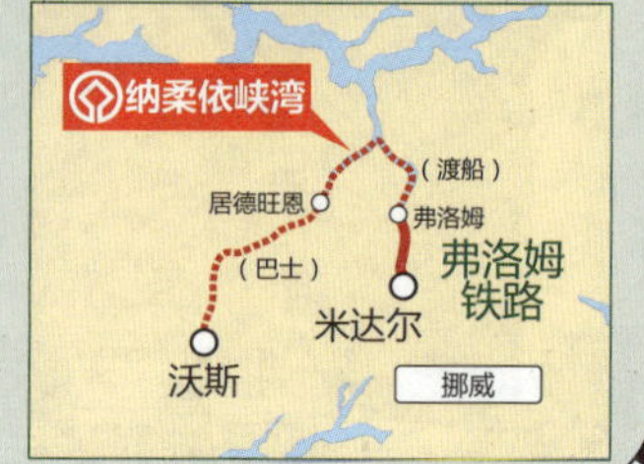

海拔3米的弗洛姆站，站前港口可以乘坐开往居德旺恩的渡船。

Flåm

FLÅMSBANA

乘客在弗洛姆铁路列车车窗中挥手。车窗可以打开，非常适合拍照。

弗洛姆铁路列车在通过远古时代冰河形成的 U 形峡谷。

弗洛姆铁路车厢内，窗外是让人吓得腿软的断崖绝壁。

（上）弗洛姆站的出站口。由于这儿的游客来自世界各地，墙上的时钟显示各地的时间。
（左）铁路纪念品弗洛姆铁路的水壶

世界遗产纳柔依峡湾，如同其名称的意思，狭窄的峡湾夹在陡峭的两岸间。

弗洛姆港到居德旺恩的渡船，去纳柔依峡湾。渡船通过峡湾中最狭窄的地方，迫近而来的绝壁令人倾倒，同时让游客充分欣赏了大自然的鬼斧神工。从居德旺恩乘坐大巴去沃斯，就能再次乘坐布吕根快车。

渡船抬高了船头，准备进入居德旺恩港。到弗洛姆港航行时间约 1 小时 50 分。

瑞典

斯库格林地公墓

SL（斯德哥尔摩地铁）

Skogskyrkogården

列车数据与行驶路线

运营公司	斯德哥尔摩交通公司（Storstockholms Lokaltrafik，简称SL）
起始站	斯德哥尔摩中央站
终点站	斯库格林地公墓站
车费	44克朗（在自动售票机购买，票价为36克朗）
行驶距离	7.5km　行驶时间 13分
轨距,是否电气化	1435mm，电气化
URL	sl.se
备注	在斯德哥尔摩中央站乘坐SL公司的地铁Gröna linjen（绿线）。IC卡1日券票价为115克朗（另需卡片成本费20克朗）。从车站到斯库格公墓步行约5分钟。

斯德哥尔摩中央站
梅拉伦湖
SL
瑞典
斯库格公墓站
斯库格公墓

世界上最珍奇的世界遗产要数斯德哥尔摩郊外的墓地斯库格林地公墓了。世界遗产中墓地并不少见，埃及的金字塔、印度的泰姬陵，比比皆是。然而，斯库格墓地并没有悠久的历史，它是一片森林墓地，1915年为了建造新墓地，通过向全球招标竞赛，从1917年开始耗时20年建造而成的。

斯库格公墓位于斯德哥尔摩市中心南7.5公里处。可以在斯德哥尔摩中央站乘坐斯德哥尔摩地铁（SL）G号线。SL并不意味着蒸汽火车，而是斯德哥尔摩交通公司，由地铁、轻轨、公交车等构成的交通网。从斯德哥尔摩中央站出发，约13分钟就到达了斯库格林地公墓站。

开往斯德哥尔摩市内的郊区铁路，火车车厢与地铁不同。

斯德哥尔摩地铁停在斯库格林地公墓站。

我在巨大的十字架指引下，进入陵园。平缓的丘陵地带对面是茂密的森林，墓碑如同被环抱在高高的松树林中。森林静谧安详的氛围让人不由希望将来长眠于此。

SL 斯德哥尔摩的地铁

入口处的十字架

女星葛丽泰·嘉宝之墓

森林中点缀着火葬场、骨灰厅和三个礼拜堂。

森林里的墓碑。真是名副其实的森林公墓。

斯库格公墓是举世罕见的林地公墓世界遗产。

全线有 100 个车站，其中 91 个车站装饰着艺术家的壁画和雕刻。日本雕刻家楢葉 Takashi 精心打造的 Vreten 站，因其艺术价值而被高度评价，值得一看。市中心除了地铁外，开往斯坎森的古董电车也不可错过。

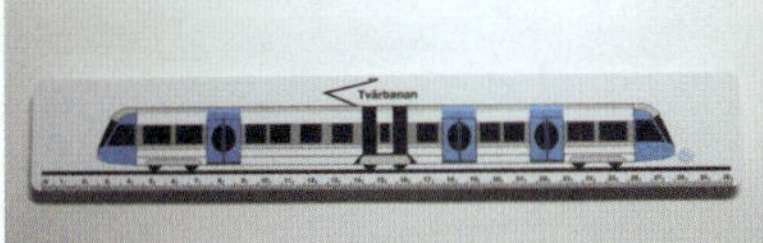
（上）铁路纪念品，印有 SL 轻轨的尺子
（右）充满艺术气息的 SL 斯德哥尔摩地铁站内

芬兰

芬兰堡

赫尔辛基市内电车与渡轮

Fortress of Suomenlinna

芬兰首都赫尔辛基的海面上有6个岛屿。18世纪中叶，统治芬兰的瑞典为防御俄罗斯的进攻，在这些岛屿上建造了海防军事要塞，包括全长7.5公里的防御城墙、军事设施和兵营，取名为“瑞典堡”。到了19世纪，俄罗斯击败瑞典，取而代之占领了该城堡，作为俄罗斯驻地，直到芬兰独立以后的1920年。之后，城堡改名为“Suomenlinna”，意为“解除武装”。1991年，被收入世界遗产名录，现在是市民休闲的旅游胜地。

去芬兰堡可以在赫尔辛基市内南港市场广场前栈桥乘坐渡轮，约15分钟到达。岛上有居民居住，因此渡轮属于市公共交通系统。渡轮运营时间很长，从清晨到深夜，因此不必在意时间，可以尽情逗留在岛上。

那么，去市场广场的交通手段呢？提到赫尔辛基的交通工具，我首先想到的是电车。电车有7条线，纵横交错分布在市内，当然也经过市场广场。环状线3T和3B两条线经过主要观光景点，非常方便，行驶一圈大约1个小时。一圈下来，还是回到原来的地方，因此不

列车数据与行驶路线

列车名	赫尔辛基电车		
运营公司	赫尔辛基市交通局（HKL）		
行驶路线	1、1A、3B、3T、4、4T、5、6、7A、7B、9、10		
车费	单次票：2欧元（在售票机上购买） 1日票：7欧元		
行驶距离	89.5km	轨距，是否电气化	1000mm，电气化
URL	www.hel.fi/hki/HKL/fi/Etusivu		

备注 去芬兰堡岛可以在市场广场乘坐HKL的渡轮（往返票价4欧元/12小时有效）。乘船前需在检票口打票。乘船时间为15分钟。

赫尔辛基中央站 芬兰 赫尔辛基市场 市场广场 南港 （渡轮） 市场广场 （渡轮） 芬兰堡

开往芬兰堡岛的渡轮，严寒季节渡轮航行在全面冻结的冰海上。

电车驶过赫尔辛基中央站前。芬兰铁路采用的是1520毫米宽轨，但市内电车轨道宽度为1米。

世界遗产芬兰堡（Fortress of Suomenlinna），Suomenlinna 的意思是“武装解除”，现在成为了市民休闲娱乐的地方。

芬兰堡岛上保留了 1920 年解除武装时的大炮。

漫步在芬兰堡岛的要塞中。

电车驶过繁华商业街上的STOCKMAN 百货店。

用担心迷路，而且一边乘坐一边熟悉了地形。建议您购买观光交通票，有 24 小时有效的，也有 120 小时有效的，可以根据行程长短，选择相应的观光交通票。除此以外还可以乘坐地铁与公交车，车票可以通用。

VIKING LINE 渡轮近距离通过芬兰堡岛。

爱沙尼亚

塔林老城

塔林有轨电车

Historic Centre (Old Town) of Tallinn

列车数据与行驶路线

列车名	塔林有轨电车
运营公司	Tallinna Trammi-ja Trollibussikoondis (TTTK)
行驶路线	1、2、3、4
车费	单次票：1.60欧元(1小时票1.10欧元) 24小时票：4.47欧元
轨距,是否电气化	1067mm，电气化
URL	www.tttk.ee
备注	芬兰首都赫尔辛基到塔林可以乘坐 Tallink Silja 等 4 家公司运营的渡轮。航行时间为 1 小时 30 分至 2 小时 30 分。从俄罗斯到塔林的列车班次少，较为不便。

在芬兰首都赫尔辛基坐上的“塔林客超级星际号”是塔林渡船公司的新型高速客轮。轮船全长 177 米，总吨数达 30640 吨，10 层楼高，可容纳 2080 位乘客。目的地为爱沙尼亚首都塔林。轮船时速为 51 公里，2 小时可穿越芬兰湾到达塔林港。赫尔辛基到塔林的船票费用根据星期与时间为 26 至 44 欧元不等，出示欧洲火车通票最高可享受 50% 的折扣。这是一趟非常精彩的游船旅行，不可错过。

另外，过塔林港的边检十分简单，日本人无需签证，仅凭护照就能入境。而且既没有边检，也没有海关检查行李，一下子就出关了。然而，1990 年前这儿作为苏联的一部分，不仅需要签证，出入境检查也十分严格，旅行让人感觉拘束。而如今导入了欧元，入境检查也与欧盟保持一致，极其方便。

塔林电车外观虽五颜六色，但车辆大多是苏联时代的老式电车。

有轨电车交错行驶在塔林市内，后方能看到教堂尖顶的地区是老城。

不过，街中仍能让人感受到苏联时代的影子。其中之一是行驶在新城区的有轨电车。苏联时代大量生产出的电车千人一面、粗犷划一、毫无优雅可言，也还没有进行无障碍设计。但是，现在重新经过涂色，改头换面成红色或黄色的外观，充满活力地行驶在街头。电车有四

世界遗产塔林老城，是一个保留着浓厚的中世纪风情的汉萨城市。远处是波罗的海。

圣诞节塔林老城的拉科雅广场

飘荡着爱沙尼亚国旗的通比亚城堡

渡轮塔林客驶入塔林港

条路线，连接火车站和港口的是1路和2路。

塔林老城区属于世界遗产，它包围在14世纪建造的城墙中，石块路、教堂、修道院，这里简直是中世纪的欧洲。从老城步行10分钟可以到达塔林港口。

渡轮纪念品塔林客钥匙圈

连接塔林和赫尔辛基的渡轮塔林客，乘坐时间约2小时。

拉脱维亚

里加老城

里加有轨电车

Historic Centre of Riga

列车数据与行驶路线

列车名	里加电车
运营公司	Rīgas Satiksme
行驶路线	2、3、4、5、6、7、9、10、11
车费	单次票：0.50拉兹（现金付款0.70拉兹）
轨距，是否电气化	1524mm，电气化
URL	www.rigassatiksme.lv
备注	电车、公交车等主要交通工具的车票一般采用称为 e-Talons 的IC卡。可以在小卖店购买。也有多次票，10次票为4.75拉兹。

由北至南，爱沙尼亚、拉脱维亚、立陶宛等波罗的三国中，地理位置居中、人口最多、在苏联时代生产力和生活水平最高的是拉脱维亚。另外，首都里加在第一次世界大战前是俄罗斯第三大城市，仅次于莫斯科和圣彼得堡。其经济实力可以从货币拉兹上窥见一斑。2013年1月，1拉兹约折合11元人民币，相对欧元也处于优势。

首都里加的世界遗产由老城和新城构成，老城中保留着曾经通过波罗的海贸易而繁荣起来的中世纪建筑，新城中18世纪以后建造的新艺术风格建筑鳞次栉比。行驶在老城和新城中的是里加有轨电车，立陶宛语叫“tramvajus”。共9条线路，全长182公里，形成规模巨大的电车网络。东京都路面电车在全盛期的总长也不过为213公里。

里加电车渡过道加瓦河，背后是世界遗产的老城。

电车行驶在世界遗产里加老城，人们把它叫做“tramvajus”。

在小卖店购票的话，车费是1次0.7拉兹，24小时票为1.9拉兹。在电车内购票会更贵一些。游览世界遗产的老城、新城，去参观道加瓦河对岸的公园、铁路博物馆等，乘坐有轨电车最方便。虽然多数是苏联时代的老式电车，6路电车（从第45高

圣诞节黑头宫商会前的广场

新城里的新艺术风格建筑，建造于1905 年。

外观具有热带风情的电车行驶在新城街头。

世界遗产里加老城，黑头宫商会等象征着繁盛的 15 世纪的建筑鳞次栉比。

中到得雷亚 [Dorea] 间）采用了捷克 SKODA 公司制造的最新型无障碍低地板电车。我没有听说引进其他新型电车，所以这应当是旧苏联联邦国中最初引进的无障碍新型电车吧。

（上）铁路纪念品拉脱维亚铁路 1 号机车的模型
（右）捷克 SKODA 公司制造的最新型无障碍低地板电车

立陶宛

立陶宛铁路

维尔纽斯老城

Vilnius Historic Centre

列车数据与行驶路线

运营公司	俄罗斯铁路（RZD）/立陶宛铁路（LG）		
起始站	莫斯科白俄罗斯站		
终点站	维尔纽斯站		
行驶距离	944km	行驶时间	15小时20分
轨距,是否电气化	1524mm，电气化		
URL	http://eng.rzd.ru		

备　注　莫斯科 1 天有 1、2 趟夜车。需要办理俄罗斯的签证和白俄罗斯的过境签证。个人准备这一切并非易事，建议您通过熟悉俄罗斯的旅行社安排行程、预定车票。另外，可以从华沙换乘 2 次到达（约 10 小时）。

波罗的三国中，立陶宛的首都维尔纽斯在历史和地理上都不同于其他两国。首先，爱沙尼亚首都塔林和拉脱维亚首都里加都是邻近波罗的海的港口城市，作为叱咤风云的波罗的海汉萨同盟城市得到了发展。如今与塔林往来最频繁的国际航路是到芬兰赫尔辛基的航路，两港仅相距 80 公里，5 万吨级的大型轮船仅 2 小时即可到达。拉脱维亚的里加港虽然距离芬兰相对遥远，但从瑞典斯德哥尔摩也有大型轮船航行至此。塔林、里加都可以通过国际轮船到达。

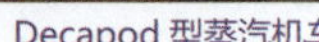

Decapod 型蒸汽机车

维尔纽斯站，车站二楼是小型铁路博物馆。

而立陶宛首都维尔纽斯位于内陆，通常通过铁路入境。北边可到俄罗斯圣彼得堡，东边途经白俄罗斯明斯克到达莫斯科，西边有国际卧铺列车直达俄罗斯的飞地加里宁格勒，南边虽需要在国境处的车站换乘，但仅靠列车就可以到达波兰华沙。

维尔纽斯站等待发车的国际列车，这趟列车的目的地是圣彼得堡。

乘坐直达俄罗斯的卧铺列车需要事先准备俄罗斯、白俄罗斯的签

1503 年为了防御鞑靼军队入侵而建造的黎明门

位于维尔纽斯中心的维尔纽斯大教堂

维尔纽斯大教堂的礼拜堂庄严肃穆。

位于世界遗产维尔纽斯老城中心的维尔纽斯大教堂前庭的钟楼

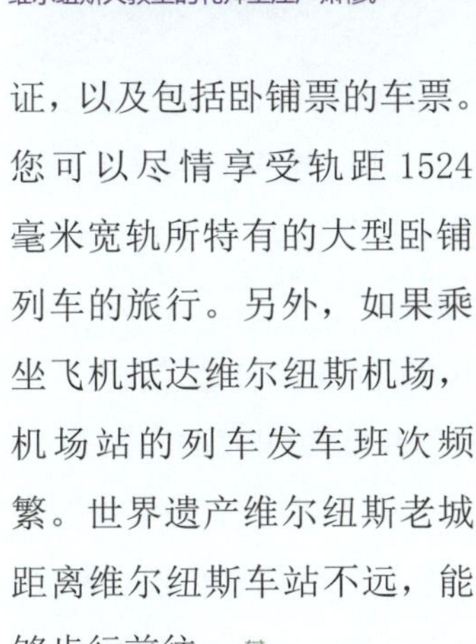

证，以及包括卧铺票的车票。您可以尽情享受轨距 1524 毫米宽轨所特有的大型卧铺列车的旅行。另外，如果乘坐飞机抵达维尔纽斯机场，机场站的列车发车班次频繁。世界遗产维尔纽斯老城距离维尔纽斯车站不远，能够步行前往。

立陶宛铁路纪念品啤酒杯

（上）维尔纽斯至圣彼得堡的国际列车上的晚餐
（右）这位俄罗斯国铁的女乘务员是俄罗斯的飞地加里宁格勒人。

捷克

布拉格古城

布拉格有轨电车

Historic Centre of Prague

伏尔塔瓦河从南向北流淌在捷克首都布拉格。周边是世界遗产的中世纪建筑群，优雅美丽。

9 世纪，在西岸建造了布拉格城堡前身的要塞，14 世纪中叶，波希米亚国王查理一世作为神圣罗马帝国皇帝查理四世即位，布拉格随之成为帝国的都城。皇帝为了打造一个名副其实的都城，从国外请来著名的艺术家，开始建造新城。他进行了布拉格城堡的扩建，建造了维特大教堂，重建了查理大桥，如今保留下来的不少历史性建筑都建于那个时代。

布拉格城内的交通手段之一是电车。据说共 35 条线路，全长 141 公里。其中 4 条线路从清晨 4 点运营到深夜 1 点，市中心的 9 条线路 24 小时运营。因此不必在意末班电车的时间了。布拉格的电车好勤快！

电车车厢有各种各样的颜色。米色和红色相间的车辆是 20 世纪 60 年代社会主义时代制造的 TATRA。曾出口至苏联和东欧各国，销量高达 14000 辆。而银色的新

列车数据与行驶路线

列车名	布拉格有轨电车		
运营公司	布拉格交通公司 (Dopravní podnik hlavního města prahy)		
行驶路线	共35条线路		
车费	90分钟票：32捷克克朗 24小时票：110捷克克朗		
行驶距离	140.9km	轨距，是否电气化	1435mm，电气化
URL	www.dpp.cz		
备注	车票为地铁、公交车、电车通用。可以在地铁站或电车站的自动售票机上购买。乘坐前需在检票口打票。若没有打票，将被处以罚款。		

布拉格
布拉格城堡
老城区
伏尔塔瓦河
捷克
布拉格有轨电车
布拉格火车总站

新艺术风格的布拉格火车总站。耗时 8 年，于 1909 年竣工。

布拉格电车行驶在布拉格老城，这是在社会主义时代制造的车辆。

世界遗产布拉格老城的代表性景观，映照在伏尔塔瓦河面上的布拉格城堡。

布拉格市区，屋顶的尖塔林立，故被称为“百塔之城”。

威风凛凛的布拉格圣维特大教堂

布拉格城堡的卫兵换岗仪式每个准点举行。

型列车是由德国运动车型保时捷公司设计的。难怪格外的帅气！另外，还有紫色、天蓝色等各种颜色的电车，不时穿梭在布满哥特式、巴洛克式建筑的街头。被称为世界最美城市之一的布拉格，同时也是电车之城。

（上）由保时捷设计的最新型电车轻快地行驶在共和国广场上。捷克 SKODA 公司制造、全长 30 米的 5 节车厢。
（右）TATRA 列车行驶在查理大桥下的克莱门特学院附近。社会主义时代制造了 14000 辆。

波兰

华沙老城

柏林华沙快线

Historic Centre of Warsaw

列车数据与行驶路线

列车名	柏林华沙快线（EC）
运营公司	波兰铁道公司(PKP)/德国铁道公司(DB)
起始站	柏林中央站
终点站	华沙中央站
车费	一等座：75.90欧元 二等座：49.10欧元
行驶距离	572km ｜ 行驶时间 5小时35分
轨距,是否电气化	1435mm，电气化
URL	www.bahn.com
备注	EC柏林华沙快线全车座位对号入座，需要预约座位。车费已包括指定座位费用。即使乘客持有的铁路票已经包括所乘区间，也需要另外支付指定座位的附加费用。

波兰首都华沙的世界遗产是华沙老城。其实，在第二次世界大战时，在德国纳粹的毁灭性攻击下，华沙城化为了灰烬。如今的华沙是战后在人们的爱国热情下重建的。

俄罗斯莫斯科、德国柏林、捷克布拉格等城市都开通了通往华沙的国际列车。

从莫斯科到华沙之间距离为1311公里，列车往返两次，历时15小时43分钟或18小时11分，其间途经俄罗斯、白俄罗斯和波兰，两次穿越国境。另外，白俄罗斯采用与俄罗斯相同的宽轨（轨距为1520毫米），而波兰采用的是标准轨（轨距为1435毫米），因此需要在位于国界的布列斯特停车2小时，转换行走轮架。这的确是一条吸引人的路线。

外观新潮时髦的华沙中央站，列车站台等都设计在了地下。

连接德国和波兰的国际列车柏林华沙快线

从柏林到华沙约有572公里，柏林华沙快线（国际特快）一天往返4趟，乘车时间约5小时35分钟。这趟列车方便快捷，是我最先想推荐的。

而从布拉格开出的

世界遗产华沙老城的集市市场，整齐排列的建筑是华沙的标志。摄影：涉谷祐介

1954 年复原重建的华沙城堡，用红砖砌成。

世界遗产华沙城堡，曾经是火药库和监狱。

柏林华沙快线一等座

EC110 列车乘车时间为 8 小时 40 分钟，这也是一条值得推荐的路线。东欧的列车与西欧现代化的列车不同，多为厚重粗犷的重量级，能令人充分体验欧洲的老式铁路旅行。

从华沙中央站到世界遗产华沙老城，可以乘坐路面电车 4 路、18 路、35 路。

黄昏时分，路面电车行驶在华沙市内。背后的建筑是文化科学宫，别名“斯大林的礼物”。

俄罗斯

圣彼得堡古城

新型高速列车 Allegro

Historic Centre of Saint Petersburg and Related Groups of Monuments

上午 10 点，我乘坐的新型高速列车阿尔斯通列车驶离了芬兰首都赫尔辛基中央站。本次旅行的目的地是俄罗斯的古都圣彼得堡。

阿尔斯通列车在欧洲也属于最新型的列车。行驶过程安静顺畅，车内舒适，如同在静静滑行一般。驶离赫尔辛基后，列车不断加速，最终达到最高时速 220 公里。正如其名，Allegro 列车“快速”行驶着。我来到期待已久的餐车。午餐的前菜和主菜都有芬兰口味或俄罗斯口味五六种可供选择。我选择的前菜是俄罗斯海鲜盘，主菜是北极海的三文鱼、土豆泥和腌根菜。

12 点 10 分，列车穿越国界，进入俄罗斯境内。我把手表调快一小时，调到莫斯科时间。列车内，俄罗斯警察们开始进行出入境检查。14 点 36 分，阿尔斯通列车历时 3 小时 36 分到达圣彼得堡的芬兰火车站。以往的特快列车“西贝柳斯号”需要 5 小时 52 分钟，因此大大缩短了行驶时间。

圣彼得堡是 1703 年由

列车数据与行驶路线

列车名	Allegro		
运营公司	Karelian Trains		
起点站	赫尔辛基中央站		
终点站	圣彼得堡芬兰站		
车费	一等座：137.06至151.60欧元 二等座：86.10至96.43欧元		
行驶距离	416km	行驶时间	3小时36分
轨距,是否电气化	1524mm，电气化		
URL	www.kareliantrains.fi		
备注	阿尔斯通列车全车座位对号入座，需要预约座位。车费已包括指定座位费用。俄罗斯入境需要签证，请务必在离开之前办理好。		

阿尔斯通列车到达圣彼得堡芬兰站。

新型高速列车 Allegro 驶离赫尔辛基中央站。

位于世界遗产圣彼得堡古城的基督复活教堂（喋血大教堂）

罗曼诺夫王朝的彼得大帝发起建造的。作为俄罗斯帝国的都城十分繁华，同时也作为水路纵横交错的水城享有盛名。古城中有不少值得一看的景点，如世界三大美术馆之一的埃尔米塔什美术馆、伊萨基辅大教堂及叶卡捷琳娜宫等。只要乘坐阿尔斯通列车，可以从赫尔辛基当天往返，轻而易举地进行一次世界遗产的旅行。新型高速列车令人步履轻快。

涅瓦河畔矗立着世界最大美术馆之一埃尔米塔什美术馆。

埃尔米塔什美术馆内部，房间数量多达 1050 个。

基督复活教堂顶部装饰着精美的马赛克画。

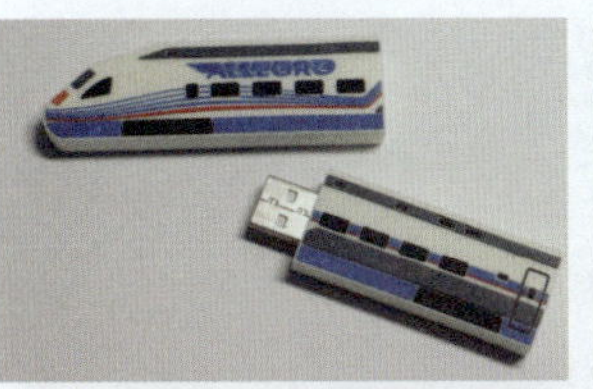

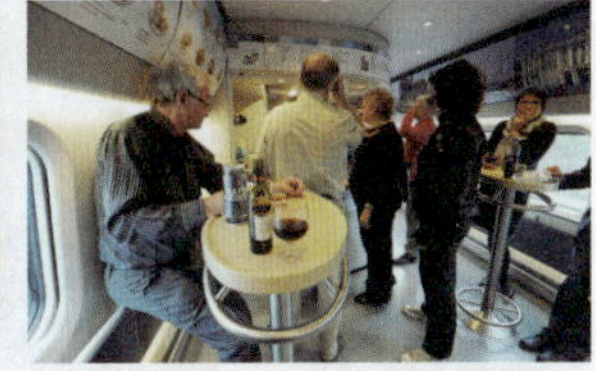

（左上）Allegro 列车纪念品 USB 存储器　（右上）Allegro 餐车的罗宋汤
（左下）日本本田选手俄罗斯套娃　（右下）Allegro 列车内的自助餐

俄罗斯

贝加尔湖

俄罗斯号列车

Lake Baikal

西伯利亚铁路是世界最长的铁路，全长为9258公里，大约有3个日本列岛那么长。行驶整条路线的列车是俄罗斯号，耗时150小时7分钟，乘客要在列车上进行历时6晚7天的长途跋涉。这次我从符拉迪沃斯托克坐到伊尔库茨克，约94小时，3晚4天。

下午5点35分，运行距离世界第一的列车俄罗斯号驶离了符拉迪沃斯托克站。次日早上到达远东地区最大城市的车站哈巴罗夫斯克。列车在此稍作停留后，渡过了阿穆尔河（黑龙江）。令人惊讶的是，河水完全冻结了。我亲眼看到了西伯利亚的寒冷。然而，列车上却暖和得穿一件T恤就够了。取暖设备采用了煤炉。在严寒的西伯利亚，如果取暖设备发生故障，关系到乘客们的生命安全，因此采用了不出故障的煤炉。

列车数据与行驶路线

列车名	俄罗斯号		
运营公司	俄罗斯铁路(RZD)		
起始站	符拉迪沃斯托克站		
终点站	伊尔库茨克站		
行驶距离	4106km	行驶时间	约94小时
轨距,是否电气化	1524mm，电气化		
URL	http://eng.rzd.ru		

备　注　进入俄罗斯时，需要签证。此外个人购买俄罗斯号车票也很困难，因此建议您通过熟悉俄罗斯的旅行社购买。俄罗斯号的车厢分为三等：一等双人间（软卧）、二等4人间（硬卧）、三等普通卧铺（旅游）。

俄罗斯号始发站，新俄罗斯风格的符拉迪沃斯托克站。

西伯利亚铁路俄罗斯号。车厢虽然色彩斑斓，但车头孔武有力。摄于阿玛扎站。

第四天早上，列车离开乌兰乌德站。10点25分，在行驶方向的右侧窗外，出现了贝加尔湖。自然遗产贝加尔湖拥有世界第一的深度和透明度。湖底的地壳变动产生的矿物质和化学物质，起到了净化湖水的作用，使湖水保持清澈透明。贝加尔湖水量丰富，栖息着2500种以上的水生动物，

世界遗产贝加尔湖是拥有世界第一透明度、深度和水量的月牙形湖泊。俄罗斯号列车经过贝加尔湖的南部，但要花费 3.5 个小时。

俄罗斯号的车窗外看到的贝加尔湖，如同大海一般辽阔。

硬卧车厢能容纳 4 位乘客。

西伯利亚大地上两辆俄罗斯号列车擦肩而过。

其中 80% 是贝加尔湖的特有种。

现在是严冬，能观赏到白色的贝加尔湖也是冬季西伯利亚铁路带给乘客的特别礼物。湖面完全冻结，一片银色世界。列车行驶了大约 3.5 个小时后才离开贝加尔湖，我充分领略了它的广大。它的面积达 31500 平方公里，约是日本琵琶湖的 46 倍。不久，列车驶入伊尔库茨克站。这是一座被称为“西伯利亚的巴黎”的美丽城市。

（上）俄罗斯号餐车上丰盛的早餐，有三个荷包蛋。午餐是罗宋汤，晚餐是三文鱼。
（右）贝加尔湖畔可以买到特产熏秋白鲑。贝加尔湖中栖息着 2500 多种水生动物。

第三章

①维多利亚大瀑布（津巴布韦、赞比亚）
②马拉喀什快车（摩洛哥）
③吉萨大金字塔（埃及）
④好望角（南非）

坐火车去
非洲的世界遗产

埃及

古城底比斯及其墓地

埃及卧铺车

Ancient Thebes with its Necropolis

列车数据与行驶路线

运营公司	埃及国铁		
起始站	开罗拉美西斯中央站		
终点站	卢克索站		
车费	单人间：80美元 双人间：60美元（每人）		
行驶距离	671km	行驶时间	10小时（最快）
轨距,是否电气化	1435mm,非电气化		
URL	https://enr.gov.eg		
备注	夜车由卧铺车厢和座位车厢组成，但外国游客不能乘坐二等车厢。卧铺车厢是双人间，如果与陌生人合住1个房间，依照性别分开。车费里包含晚餐和早餐的费用。乘车1周前可以去车站售票处预约。夜车的车票费用以美元或欧元支付。		

我在埃及国铁最大的终点站开罗拉美西斯中央站搭乘特快列车埃及卧铺车，去世界遗产古城底比斯所在的卢克索。卧铺车是运营东方快车的比利时国际卧铺车公司（Wagons-Lits）的名字。

晚上7点多，列车驶入8号站台。真不愧是埃及国铁首屈一指的豪华列车！“您好！”在乘务员恭敬的招呼声中，我进入一等包厢。但是，一进去就吃了一惊，从墙壁到洗脸池整个车厢基本是用强化塑料整体成型的，简直像胶囊旅馆。这难道是享誉天下的卧铺车公司的卧铺车吗？我期待的是像东方快车一样充满厚重感的车厢。

埃及卧铺车的俱乐部车厢，在此可以喝酒。

晚上7点45分，列车准时出发了。晚餐后，我去了晚上9点开放的俱乐部车厢。打开车厢大门的同时，我吃惊地睁大了眼睛。那里竟然就是东方快车的世界。墙壁上装饰着细致的拼木镶嵌画，玻璃屏风上雕刻着椰子树和尼罗河。毋庸置疑，我一手端着啤酒，充分欣赏了充满沉甸甸的传统和工艺

埃及卧铺车飞驰在卢克索郊外的沙漠。

墙壁上装饰着东方快车风格的拼木镶嵌画。

卢克索卡纳克神庙前的狮身人面像

卡纳克阿蒙太阳神神庙里保留下的柱厅

世界遗产古城底比斯的代表性景点卡纳克神庙的方尖碑。另一座方尖碑放置在巴黎的协和广场上。

的车厢。

早上5点，东方的天空渐渐发白了。右侧车窗外是滔滔流淌的尼罗河。朝阳染红了尼罗河西岸的群山，山名叫西岸。那里被称为“死者之城”，图坦卡蒙法老和拉美西斯法老长眠在那里的帝王谷。7点，列车到达旧称底比斯的古城卢克索，我步入了被称为“生者之城”的尼罗河东岸。

世界遗产墓地遗迹中贵族墓内部的壁画

埃及

从吉萨到代赫舒尔的金字塔地带

埃及国铁慢车

Memphis and its Necropolis - the Pyramid Fields from Giza to Dahshur

我到达开罗国际机场时已过了深夜2点。由于是初次来到埃及，而且街灯很少的缘故吧，我还没看清是怎么样的地方，就在宾馆办理了入住手续，匆匆睡下了。

次晨，窗帘缝隙中照入的耀眼阳光把我唤醒。我一跃而起，打开窗帘，眼前流淌着一条波光粼粼的大河。

初次看到的尼罗河是清澈碧绿的。我想当然地以为，流淌在广大无垠的沙漠中，河水必定充满沙砾、混浊不堪，然而在看到尼罗河的瞬间，这种想法飞到了云霄之外。更令人惊讶的是，对岸的高楼背后隐约可见三角形的物体。那竟然是货真价实的金字塔。

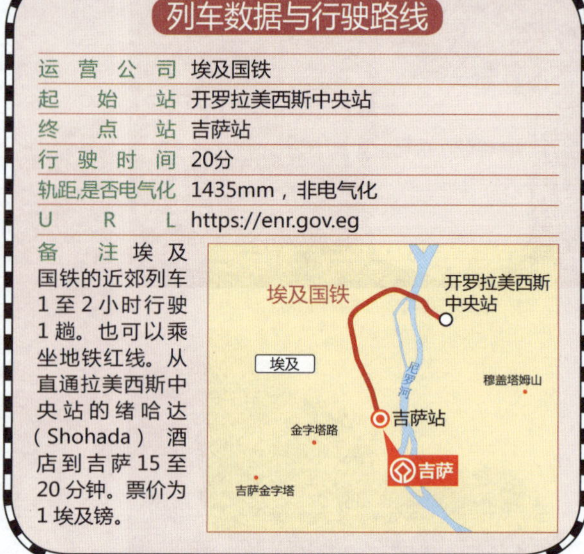

列车数据与行驶路线

运营公司	埃及国铁
起始站	开罗拉美西斯中央站
终点站	吉萨站
行驶时间	20分
轨距是否电气化	1435mm，非电气化
URL	https://enr.gov.eg
备注	埃及国铁的近郊列车1至2小时行驶1趟。也可以乘坐地铁红线。从直通拉美西斯中央站的绪哈达（Shohada）酒店到吉萨15至20分钟。票价为1埃及镑。

首都开罗的终点站拉美西斯中央站，站内设有铁道博物馆。

沿着尼罗河行驶的埃及国铁慢车

我感到惊讶，因为一直以为金字塔是在荒无一物的沙漠之上的。孩提时代，在童书上看到的金字塔都是和狮身人面像一起耸立在辽阔沙漠之上的。我未曾想到竟然离市区如此之近。

从开罗去吉萨金字塔最方便的交通工具

大名鼎鼎的吉萨金字塔和狮身人面像，令人惊叹竟然在大漠之中建造出了如此庞大的建筑。

骆驼和吉萨三大金字塔，后方是开罗市区。

慢车车内，右侧的男子正在诵读《古兰经》。

慢车驶入拉美西斯中央站。

是地铁，但我已经从宾馆窗口看到了金字塔，就毫无兴趣乘坐看不见景色的地铁。于是在拉美西斯中央站乘坐埃及国铁慢车。发车后 5 分钟，列车渡过尼罗河，再过 5 分钟，就到达了吉萨站。

从吉萨站坐车 15 分钟，到了金字塔。幼时童书上看到的风景展现在了眼前：胡夫、哈夫拉、门卡乌拉三大金字塔并排着，前方是狮身人面像。

吉萨金字塔中最大的胡夫金字塔，高 137 米。

摩洛哥

马拉喀什古城区

马拉喀什快车

Medina of Marrakesh

列车数据与行驶路线

运营公司	摩洛哥国铁（ONCF）
起始站	卡萨布兰卡火车站
终点站	马拉喀什吉里兹站
车费	一等座：125迪拉姆　二等座：84迪拉姆
行驶距离	257km　行驶时间　3小时10分
轨距，是否电气化	1435mm，电气化
URL	www.oncf.ma
备注	车票在车站窗口购买。1天往返8趟（其中1趟是夜车）。马拉喀什吉里兹站到古城区的贾马夫纳广场可以乘坐3路或8路市内公交车。车费为3.5迪拉姆。

西班牙
直布罗陀（英）
丹吉尔
地中海
大西洋
摩洛哥
拉巴特
卡萨布兰卡火车站
摩洛哥国铁
马拉喀什
马拉喀什吉里兹站

摩洛哥第三大城市马拉喀什是跨越撒哈拉沙漠前北部的起点，曾经作为连接地中海和非洲的交通贸易重地而繁荣。世界遗产要塞古城区被5米高的城墙包围，是一个独特的世界。古城中心的贾马夫纳广场人山人海，广场附近有摩洛哥最大的市场，狭窄的街巷如迷宫一般纵横交错，为了体验这种嘈杂喧闹的感觉，我在卡萨布兰卡火车站(Casablanca-Voyageurs)乘上了开往马拉喀什的快车。

快车的电气机车头由日本制造，车厢由法国制造，最高时速为106公里。车厢采用了欧式风格，一等车厢可乘坐6人，二等车厢为8人。非洲的列车大抵都是行驶了50年以上、破旧不堪的旧车，然而摩洛哥的列车很漂亮，堪称是非洲最优秀的列车。

ONCF

涂着白垩的卡萨布兰卡站恰如其名（卡萨布兰卡意为“白色房子”）。

在卡萨布兰卡等待发车的马拉喀什快车，车头的电气机车为日本制造。

“您好！”车厢内的服务员送上了咖啡、三明治、果汁等，服务与欧洲铁路毫无差别。在舒适的车内，品尝着热气腾腾的咖啡，思绪飞到了马拉喀什。

约3小时后，列车到达了马

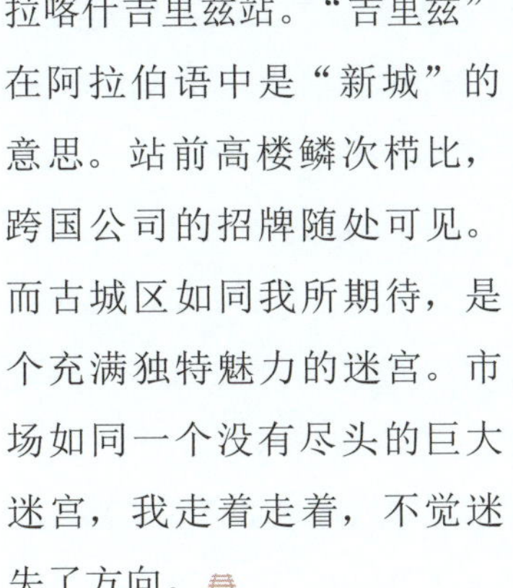

世界遗产马拉喀什古城区，中心部是被城墙包围的要塞，如同迷宫一般。

ONCF 列车员是一个帅小伙。

终点站马拉喀什吉里兹站位于新城区。

要塞古城区的卖水老人。喝这样的水需要一点勇气。

拉喀什吉里兹站。“吉里兹”在阿拉伯语中是“新城”的意思。站前高楼鳞次栉比，跨国公司的招牌随处可见。而古城区如同我所期待，是个充满独特魅力的迷宫。市场如同一个没有尽头的巨大迷宫，我走着走着，不觉迷失了方向。

位于世界遗产马拉喀什古城区中心位置的贾马夫纳广场，这里是迷宫的入口。

肯尼亚

蒙巴萨的耶稣堡

肯尼亚豪华大列车

Fort Jesus, Mombasa

列车数据与行驶路线

列车名	肯尼亚豪华大列车
运营公司	肯尼亚铁路
起始站	内罗毕站
终点站	蒙巴萨站
车费	一等卧铺：3360肯尼亚先令 二等卧铺：2640肯尼亚先令
行驶距离	530km 行驶时间 约15小时
轨距,是否电气化	1000mm，非电气化
URL	www.krc.co.ke/joomla/
备注	卧铺车票费用包含餐费。每周往返3趟，内罗毕周一、三、五发车，蒙巴萨周二、四、日发车。除卧铺车以外，还有三等座位车厢（不含餐饮，680肯尼亚先令）。

我在肯尼亚首都内罗毕坐上了肯尼亚铁路的肯尼亚豪华大列车。列车每周往返 3 趟，晚上 7 点整发车，约 15 小时到达距离 530 公里之外的终点蒙巴萨。

站台上不知为何聚集了很多人。我凑近一看，原来在告示牌上张贴出了乘客名和车号。根据指示去相应的车厢，在车旁窗下发现了自己的名字，这里就是我的床位。我才恍然大悟，难怪车票上既没有车号也没有座位号。真是个偷懒的办法。

蒙巴萨站。除了每周往返 3 趟的列车的发车和到达时间以外，这里很冷清。

发车后不久，车厢里流淌了一阵欢快的节奏，晚餐时间到了。我尽情享受了全套的正式西餐后，回到车厢，关上所有的灯光，仰头观赏漫天繁星。不过，睡觉前还是要关上车窗。因为，据说中途路过的察沃地区有食人狮出没。铁路建设时期，施工人员曾被狮子袭击，有 200 人命丧狮口（编注：此事发生在 1898 年，死亡人数无法查证，据推测为 135 人。详见当时工程领队 J. H. 帕特森所著的《察沃的食人魔》）。所以，肯尼亚铁路也被取了个可怕的绰号“食人铁路”。

肯尼亚豪华大列车驰骋在肯尼亚大地。

次晨 7 点，音乐再次通知早餐时间。我品味

肯尼亚豪华大列车餐车满座的景象

餐车上用完早餐的漂亮姐妹

1593年葡萄牙人建造的耶稣堡

世界遗产耶稣堡。大炮保留着16世纪的风貌，大炮对准的方向是辽阔的印度洋。

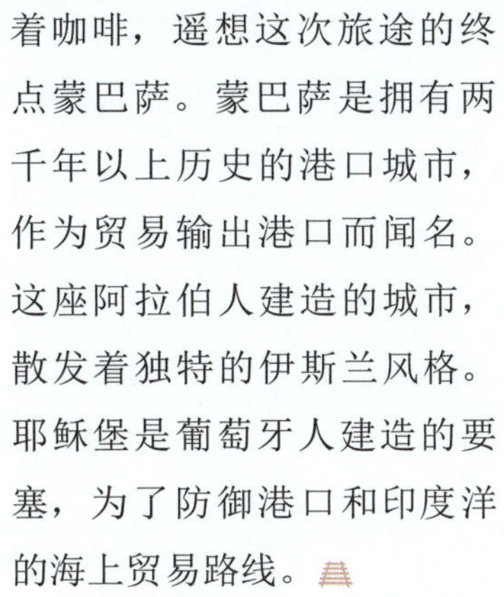

着咖啡，遥想这次旅途的终点蒙巴萨。蒙巴萨是拥有两千年以上历史的港口城市，作为贸易输出港口而闻名。这座阿拉伯人建造的城市，散发着独特的伊斯兰风格。耶稣堡是葡萄牙人建造的要塞，为了防御港口和印度洋的海上贸易路线。

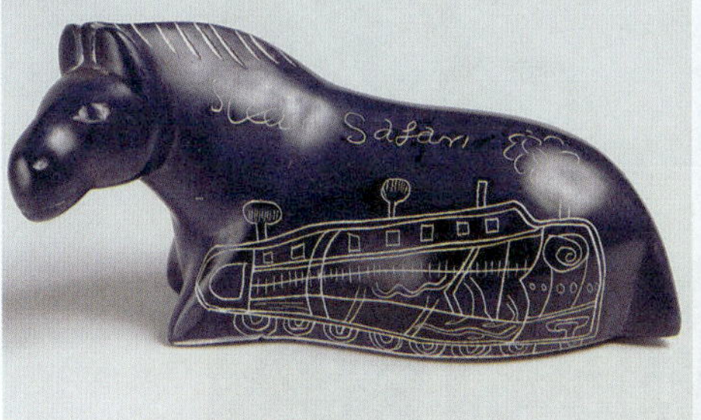

（上）铁路纪念品肯尼亚特产皂石摆件。上面画着在肯尼亚盛行一时的Garratt型机车。
（右）从耶稣堡眺望印度洋。蒙巴萨港拥有两千年的历史，至今仍是国际商船的中继港。

维多利亚瀑布/莫西奥图尼亚

非洲之傲豪华列车

Mosi-oa-Tunya / Victoria Falls

列车数据与行驶路线

列车名	非洲之傲豪华列车
运营公司	非洲之傲
起始站	首都公园站
终点站	维多利亚瀑布站
行驶时间	2晚3天
轨距,是否电气化	1065mm，非电气化
URL	www.rovos.com
备注	车厢房间分为三种：普通套房、豪华套房、皇家套房。车费包括餐费和旅游费用等。2013年发车日：比勒陀利亚至维多利亚瀑布4月4日、18日，5月2日、16日、30日，7月25日，8月8日、22日，9月5日、19日。10月以后每月发车1至3趟。

“莫西奥图尼亚”是维多利亚瀑布在当地的名称，意思是“霹雳之雾”。为了一睹这个跨越赞比亚和津巴布韦国界的大瀑布，我开始了2晚3天的旅游。

我乘坐的是非洲之傲豪华列车，据说它超越了吉尼斯认定的世界第一豪华列车蓝色列车。创办人罗罕沃斯从孩提时代起就酷爱火车，一手创办了这辆传奇式的豪华列车。始发站位于南非首都比勒陀利亚的首都公园站。这里是罗罕沃斯个人所有的非洲之傲专用私家车站。

始发站比勒陀利亚首都公园站，是非洲之傲列车专用车站。

非洲之傲列车行驶在南非的高原上。这是由14节车厢组成的豪华卧铺列车。

车厢也十分漂亮。对20世纪20、30年代制造的古董车厢进行修复，保留当时的优雅风貌，并采用了舒适的现代化设备。列车尾部带有露天甲板的观景休息车厢内部古色古香，别具匠心。14节车厢仅容纳46名乘客，平均1辆车厢只有2、3个包房。最高级的豪华套房配有专用浴室。车上提供免费餐饮，免费洗衣，不收小费。直至旅途结束，您都可以享

世界遗产莫西奥图尼亚，位于津巴布韦和赞比亚国界的巨大瀑布。

非洲之傲列车纪念品棒球帽

观景休息车厢里的地毯，绿色是非洲之傲的颜色。

非洲之傲列车中最高级的皇家套房

受如此完美的服务。

上午 10 点，离开首都花园站的列车从南非途经博茨瓦纳，进入津巴布韦。第三天傍晚，列车到达维多利亚瀑布站。一下车，就听见雷鸣般的轰响。那是瀑布的声音。从车站步行 20 分钟就到了。观光时要准备好雨伞，因为看到瀑布的那一瞬间，肯定会被打湿。

老板罗罕沃斯先生

终点站维多利亚瀑布站

南非

开普植物保护区

蓝色列车

Cape Floral Region Protected Areas

列车数据与行驶路线

列车名	蓝色列车		
运营公司	Lux Rail		
起始站	比勒陀利亚站	终点站	开普敦站
车费	12280至24530兰特（2013年）		
行驶距离	约1600km	行驶时间	约27小时
轨距是否电气化	1065mm，电气化		
URL	www.bluetrain.co.za www.bluetrainsouthafrica.com		

备注 车厢分为超豪华车厢和豪华车厢两种，都是双人间。列车上有餐车和休息室车厢。2013年蓝色列车每周一、三发车。比勒陀利亚8:30发车，次日12:30到达开普敦。

博茨瓦纳
比勒陀利亚
纳米比亚
约翰内斯堡
南非
金伯利
莱索托
大西洋
蓝色列车
西博福特
开普敦
开普植物保护区

记载在吉尼斯记录中世界最豪华的列车是南非的蓝色列车。日本也有同名的卧铺车，但能容纳的乘客数量截然不同。南非的蓝色列车由18节车厢组成，只有42个容纳2位乘客的标准卧铺包厢。换言之，仅能乘坐84位乘客，人口密度仅为1节车厢4.7位。而日本的蓝色列车“北斗星”1节A卧铺标准DX车厢就能乘坐16位乘客。难怪南非的蓝色列车是吉尼斯认定的豪华卧铺车。曼德拉大总统、音乐艺术家昆西·琼斯等都曾乘坐过。

南非有3个首都，蓝色列车离开行政首都比勒陀利亚，在野生动物嬉戏的非洲大陆上行驶1600公里后，到达立法首都开普敦。到达前在车窗外出现了“桌山”，山顶如同被削掉一般平平的。

世界第一蓝色列车内的大理石浴缸。

蓝色电气机车头和蓝色车厢恰如其名。摄于马杰方丹站。

下车以后，我乘坐大客车赶往开普敦南边60公里的好望角。途经海鲜餐厅鳞次栉比的渔人镇、维多利亚风格建筑的西蒙斯敦、企鹅生息的博尔德斯海滩，最终进入无人居住的自然保护区。这里是世界遗产开普植物保护区，簇生着一千两

动植物的宝库开普半岛

世界遗产开普植物保护区。非洲大陆最南端的开普半岛被灌木林所覆盖。

好望角灯塔，右边的大西洋和左边的印度洋在此融为一体。

好望角，长久以来被当作是非洲最南端，其实是西南端。

百多种植物。

不久道路消失了，在断崖绝壁上出现了一座白色的灯塔。

“CAPE OF GOOD HOPE”的意思是好望角。左右两边看到的大海（右边是大西洋、左边是印度洋）在这里融为一体。

（上）蓝色列车的休息车厢“爱丽佳”的酒吧柜台，所有酒水都免费。
（右）印有蓝色列车标志的金色钥匙圈。列车上的商店出售高级商品。

第四章

坐火车去
亚洲的世界遗产

①北京故宫（中国）
②青藏铁路（中国）
③杜乃尔（土耳其）
④泰姬陵（印度）

中国

青藏铁路

拉萨布达拉宫历史区域

Historic Ensemble of the Potala Palace, Lhasa

拉萨位于西藏自治区海拔3650米的高地，在藏语中意为“神的土地”，是藏传佛教的圣地。2006年，期待已久的青藏铁路开通了，结束了西藏没有铁路的历史。这条铁路连接青海省的西宁和西藏自治区的拉萨，所以被命名为“青藏铁路”。从西宁到达拉萨将花费一整天时间，途经“世界屋脊”西藏，行驶在世界第一的高地上。最高处海拔竟达5072米，令人担心会产生高原反应。但是，事实证明这是杞人忧天。

列车的车厢是加拿大飞机制造商庞巴迪公司利用飞机制造技术开发的密封空间，车厢内通过弥散式供氧装置保持75%至80%的氧浓度。另外，各卧铺和座位上装有供氧口。发车后，列车员马上分发了吸氧管。我尝试着插入供氧口，一股氧气喷涌而出，我这才放下心来。

晚上8点后，从西宁发车的列车飞驰在青海省，到格尔木时已经天色微明。不知不觉间，车厢内的高度计已经超过了4000米，驶过永久冻土带上的高架桥后，高度到达海拔5000米。下午3点后，终于到达海拔5072米的铁路世界最高点唐古拉山，同时列车也从青海省进入了西藏自治区。

列车数据与行驶路线

列车名	青藏铁路
运营公司	青藏铁路公司（中华人民共和国铁道部）
起点站	西宁
终点站	拉萨
车费	软卧：810元 硬卧：523元
行驶距离	1956km 行驶时间 约23小时40分至24小时
轨距，是否电气化	1435mm，非电气化
URL	www.china-mor.gov.cn

备注 青藏铁路列车由4人间软卧、6人间硬卧、硬座、餐车构成。进入西藏时，需要出示西藏自治区旅游局签发的“进藏许可证”，而且仅能提前4天购买车票，因此与自由行相比，参加旅行社的旅行团更加放心。

中国乘客们在西宁站开往拉萨的特快列车前留影纪念。

青藏铁路特快T224列车穿越拉萨河桥，驶向重庆。

世界遗产拉萨布达拉宫历史区域。布达拉宫是达赖喇嘛五世在 17 世纪建造的宫殿，是拉萨的标志。

俯瞰着脚下的拉萨市貌，登上布达拉宫的台阶。

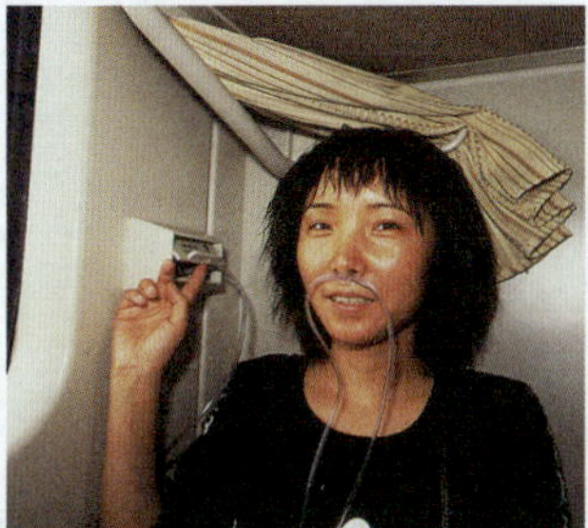
使用座位旁的吸氧装置。

青藏铁路的硬卧由3 层床铺构成。

晚上 10 点 30 分，列车到达终点站拉萨。拉萨站是以世界遗产布达拉宫为原型建造的藏式建筑，面积约是东京巨蛋体育场的两倍。车站宏伟壮观，与矗立在红山之颠威风凛凛的布达拉宫十分相似。

车厢内的高度计显示现在海拔为 5057 米。

青藏铁路开通纪念品镇纸。

拉萨旧城区的八角街熙熙攘攘。

中国

万里长城

丝绸之路特快

The Great Wall

万里长城东起河北省渤海湾边的山海关，西至甘肃省嘉峪关，连绵不断，是世界上最长的城墙。据说最初是从公元前的春秋时代开始建造的，但建成如今万里长城原型的是秦始皇。

距离首都北京最近的万里长城是八达岭长城。从北京北站乘坐慢车仅约 1 小时，同时也开通了不少一日游观光巴士，这里自古以来就是旅游胜地。

而要充分欣赏万里长城的连绵，建议您乘坐丝绸之路特快。由于沿着古代的丝绸之路行驶，因此叫“丝绸之路特快”。这个名字是日本月刊《铁道杂志》的第一任主编、中日铁路交流协会的竹岛纪元先生命名的。因此，这趟列车对日本铁路迷而言并不陌生，但在中国却没有“丝绸之路特快”的说法，只有相当于“丝绸之路特快”的列车，即上海至乌鲁木齐的 T52、53 次特快或北京西站至乌鲁木齐的 T69 次特快等列车。“特快”是特别快客的简称，在中国铁路既有线中是最快的。

开往乌鲁木齐的 T69 次特快 18 点 36 分驶离宏伟的北京西站。这趟列车由软卧、硬卧、餐车、行李车等 18 节车厢组成。日夜兼程地飞驰在中国

列车数据与行驶路线

列车名	丝绸之路特快
运营公司	中华人民共和国铁道部
起始站	北京
终点站	嘉峪关
行驶距离	2721km　行驶时间　21小时34分至32小时56分
轨距,是否电气化	1434mm，电气化/非电气化
URL	www.china-mor.gov.cn

备　注　特快、快速等长途夜车由 4 人间软卧、6 人间硬卧、硬座、餐车构成。在中国购买火车票并非易事，委托熟悉中国情况的旅行社购买比较稳妥。

翻越乌鞘岭，5 月上旬已经是一派雪景，到嘉峪关还有 450 公里。

丝绸之路特快行驶在天山山脉，车头是东风4 型柴油机车。

世界遗产万里长城八达岭，东起山海关西至嘉峪关的主要部分长达 3000 公里，加上明代以前修筑的部分总长度达 12000 公里。

大地上，从北京南下至郑州，向西改变行进路线，早上 6 点 36 分到达丝绸之路的入口——西安。然后途经天水、兰州等与唐僧颇有渊源的地方，深夜 10 点 09 分到达嘉峪关。万里长城西侧已经接近戈壁滩，嘉峪关正是所谓的沙上楼阁。

中国铁路的马克杯

万里长城最西端嘉峪关，如同沙上楼阁一般。

中国

北京地铁 北京故宫

Imperial Palaces of the Ming and Qing Dynasties in Beijing and Shenyang

列车名	北京地铁
运营公司	北京地铁运营有限责任公司
路线	1、2、4、5、8、9、10、13、15号线，八通线，昌平线，大兴线，亦庄线，房山线，机场线
车费	单次票：2元 机场线：25元
行驶距离	442km（路线总长）
轨距，是否电气化	1435mm，电气化
URL	www.bjsubway.com

备注 北京市的地铁、公交车、无轨电车可以使用北京市政交通一卡通IC卡。离故宫最近的地铁站是1号线天安门东站或天安门西站。

飞机离开成田机场约4小时后，在北京首都机场降落。10年前，这里仅仅是个又大又空的当地机场，2008年北京奥运会举办以后，这里成了名副其实的现代化首都国际机场。

以前从机场到市中心的交通工具只有公交车或出租车，以举办奥运会为契机，开通了28.5公里的地铁机场线（东直门到北京首都机场），乘客们可以换乘呈环状路线行使在市中心的地铁2号线。北京地铁现在总长442公里，已经超过了东京地铁（394公里）的长度，与伦敦、纽约比肩，迅速发展成为世界上规模数一数二的地铁网络。

北京地铁机场线的新型列车停在北京首都机场站。

如上所述，从北京首都机场到世界遗产北京故宫可以乘坐地铁机场线到东直门，换乘2号线到建国门，再换乘1号线在天安门站下车。天安门站有东站和西站，距离故宫差不多远。或者也可以在2号线前门站下车。换言之，距故宫最近的地铁站是天安门东站、天安门西站、前门站。出了地铁口走到地面上，眼前就是天

北京地铁1号线列车（旧车型）驶离王府井站，下一站是天安门东站。

世界遗产北京故宫是从明代到清代的宫殿，也被称为紫禁城。位于北京内城中央，南北约 1 公里，东西约 750 米，规模宏大。

太和殿是故宫的主要建筑，放置着皇帝的宝座。

北京的标志天安门，位于天安门广场北面故宫入口处。

地铁机场线开放式的驾驶室

安门广场。在日本的电视新闻中常常看到的天安门上，悬挂着巨大的毛泽东像。走过天安门，前面就是世界遗产故宫。南北 961 米、东西 752 米的巨大空间就是紫禁城，公元 1420 年以来约 500 年间，共 24 个皇帝在此居住。

在此生活的末代皇帝是溥仪。装扮成皇帝的导游随意地与游客一起拍摄纪念照片，也是现代中国的一个侧面。

天安门上悬挂着毛泽东像。

导游装扮成皇帝溥仪。

韩国

庆州历史区域

高速列车 KTX

Gyeongju Historic Areas

2010 年，行驶在首尔和东大邱之间的高速列车 KTX 延伸至釜山，KTX 京釜线宣告全线开通。KTX 是“Korea Train Express”的首字母缩写，最高时速达 305 公里，比日本新干线“隼”仅慢一点，可以说旗鼓相当。

“您好！”穿着白色衬衣和红色背心制服的美女乘务员笑脸相迎，我坐上了 KTX 列车，目的地是新庆州。列车准点发车，离开首尔站。列车起动顺畅，摇晃轻微。列车由 18 节车厢组成，一节车厢长度为 18 米左右，而日本新干线由 16 节车厢组成，一节车厢长度为 25 米，因此 KTX 的车厢总长更短，容纳乘客数也更少。

列车数据与行驶路线

列车名	KTX
运营公司	韩国铁路公司
起始站	首尔
终点站	新庆州
车费	特等座：61300韩元 普通座：43800韩元
行驶距离	约342km 行驶时间 约2小时10分
轨距,是否电气化	1435mm，电气化
URL	www.korail.com

备注 2010 年韩国 Rotem 公司制造的最新型列车 KTX 山川投入使用。山川并不是山河的意思，而是栖息在清水中的樱鳟鱼。第一代 KTX 不受好评的座位也全部改为转向式。

东海南部线（既有线）的庆州站，采用了朝鲜式建筑，与新罗古都相得益彰。

第一代 KTX 在首尔站，最高时速为 305 公里。

我的座位在普通车厢，中央的通道两旁各排列着两个座位。没有日本新干线那样的三人座位是值得赞扬的，但座位竟然是固定的，无法转换方向。另外以车身中间为分界线，一半座位向前，另一半座位向后。据说，乘客们讨厌向后的座位，因此票价打九五折。在特别车厢隔着通道两旁是一个或两个座位，座椅可以调节，甚至放平，脚下的空间也十分宽敞。而且座位可以改变方向，还免费提供报纸和饮料，十分舒适。

世界遗产庆州历史区域的代表性建筑佛国寺，正面紫霞门后是大雄宝殿，里面排列着佛国寺思想和艺术的结晶——释迦塔和多宝塔。

世界遗产石窟庵的山门，位于吐含山上。

佛国寺的天王门里站立着护法四大天王。

韩国的列车盒饭——烤牛肉饭配汤

发车后约 2 小时 10 分钟，列车到达新庆州。庆州作为新罗的首都，繁荣了一千年。城中遍布新罗时代的名胜古迹，因此被称为“没有屋顶的博物馆”。我下了车，缓步进入悠久的历史。

KTX 最新车型山川的展示模型

石窟庵中供奉着石佛，被称为新罗佛教美术最高峰。

泰国

古都大城

泰国国家铁路慢车

Historic City of Ayutthaya

大城曾经是延续了400年的大城朝的都城。泰语中叫“阿育塔雅”，意为“和平之都”。当时频繁地与亚洲、欧洲各国进行贸易往来，成为东南亚最大的国际贸易城市。和日本也进行朱印船贸易，不少日本人曾经居住在此。

曼谷华南蓬站的车站员在买票窗口虎视眈眈，我对他叫道：“1张票到大城！”于是，他伸出了右手的两根手指。是两个人的意思，还是二等座的意思？我不明其意，但为了强调我是一个人，想坐一等座，就伸出了一根手指。于是，他笑着在V形手势的右手旁，伸出左手，做了一个圆圈。啊，原来是让我付20泰铢。反正很便宜，大约55日元。

列车数据与行驶路线

列车名	北本线
运营公司	泰国国家铁路
起始站	曼谷华南蓬站
终点站	大城站
车费	一等座:66泰铢 二等座:35泰铢 三等座:15泰铢
行驶距离	约71km
行驶时间	约1小时15分至1小时30分
轨距,是否电气化	1000mm,非电气化
URL	www.railway.co.th

备注 曼谷至大城之间1天有30至35趟列车。特快列车票价为100至120泰铢。乘坐快车需要多付80泰铢。孩子的票价不是按照年龄，而是按照身高计算的。

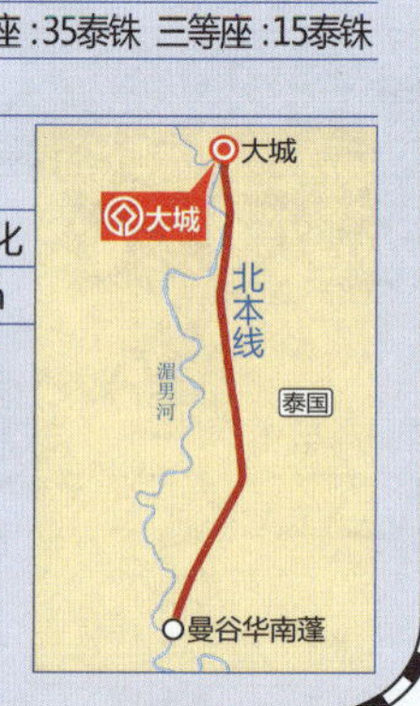

曼谷中央站候车室热闹非凡。多数人应该不是在等火车吧？

到达大城站的慢车，全部路线没有完全电气化，因此其中还行驶着柴油机车。

如此便宜，其中自有道理，原来这张票是三等座。本来我打算坐有空调的一等座！但上车一看，三等车厢令我十分满意，因为它充满了日本昭和30年代初慢速列车的氛围。木质地板、木质墙面、木质座椅，充满怀旧气氛。

列车穿越过喧闹的曼谷市内，进入肥沃的水田地带。令人高兴的是，不是透过玻璃窗，而是从开放的车窗尽情享受绿意盎然的田园

世界遗产古都大城的标志帕席桑碧寺，三位国王长眠于此。

年轻的僧人站在“曼谷至大城”的方向板前。

三等车厢内气氛和谐，既没有空调也没有坐垫。

日本制造的蒸汽机车头在国王生日等特殊日子才行驶。

风光。

约 2 小时后，慢车驶入大城站。大街上奔跑着大发 Midget 单座货卡改装的出租车“突突车”，令人怀念。我去参观佛塔和寺院，感受大城王朝繁荣时的景象，寻找古老梦想的痕迹。

泰国国家铁路的杯垫纪念品

玛哈泰寺被树根缠绕着的佛像

越南

统一快车 顺化古建筑群

Complex of Hué Monuments

越南河内站优雅的气质，如同巴黎的列车终点站一般。车站建筑建造于法国殖民时代，而外墙上的装饰灯光却充满东南亚风情，这样混搭的形象笼罩在夜幕下。

我乘坐的是河内到胡志明市的统一快车 SE1 号。 统一快车 SE1 号是越南首屈一指的高速列车，约 33 小时后到达相距约 1700 公里的胡志明市。虽然速度并不快，但其他快车仍是无法与之相比的。

晚上 7 点整，列车在夜幕中开动了，目的地是古都顺化。越南战争以前，从北部无法进入南部的顺化。我出生时越南战争已经开始了。而在我的青春时代，越南一直处在战火中。所以，如今乘坐在从河内到胡志明市的直通车上，我仿佛在梦中一般，甚至毫不在意热带气候那潮湿黏糊的空气。

次晨 6 点，我在分发早餐的动静中醒来。早餐很简单，只有米饭、菜和汤。早中晚三餐都是免费提供的。6 点 15

列车数据与行驶路线

列车名	统一快车
运营公司	越南国家铁路
起始站	河内站
终点站	顺化站
车费	卧铺（3人空调间）：685至842越南盾 座位（空调软座）：500越南盾
行驶距离	约688km ｜ 行驶时间 约12小时52分
轨距，是否电气化	1000mm，非电气化
URL	www.vr.com.vn
备注	从河内到顺化，越南统一铁路列车 1 天往返 6 趟。一般由 4 人间的卧铺（软卧）车厢、三层卧铺（硬卧）车厢、座位（硬座、软座）车厢组成。最快的列车是 SE3 号（河内到顺化）和 SE4 号（顺化到河内）。

顺化站。站名 Ga Hue 中的 Ga 是从法语 Gare（车站）而来的。

统一快车到达顺化站。铁轨采用了轨距为1米的米轨铁路，列车车厢小巧。

世界遗产顺化的代表性建筑阮氏王朝王宫。1802年阮福映统一越南，建立了阮氏王朝，迁都至顺化，建造了王宫。

会安的世界遗产日本桥

岘港站前展示着法国制造的蒸汽机车。

到了正午，太阳会升到王宫午门的正上方。

分，列车驶过滨海河。这里曾是越南南北方按北纬17度分界的地点。如今，这里是一派悠闲的风景，曾经的战火恍如隔世。

7点25分，列车驶过红河上最大的铁桥，到达顺化站。顺化是世界遗产的古城，越南最后一个王朝——阮氏王朝的王宫和寺院散布在这里。古城内，时间缓缓流淌着。

有名的越南米粉，清凉爽口。

在阮氏王宫散步的姑娘们身穿越南旗袍。

印度尼西亚

行政特快
婆罗浮屠寺庙群

Borobudur Temple Compounds

列车数据与行驶路线

列车名	行政特快
运营公司	印度尼西亚铁路
起始站	雅加达甘伯车站或巴萨西南车站
终点站	日惹站
车费	250000至295000印尼盾
行驶距离	约688km　行驶时间 约7小时30分至8小时20分
轨距，是否电气化	1000mm，非电气化
URL	www.kereta-api.co.id

备　注　从日惹到婆罗浮屠，可以在 Giwangan 汽车站乘坐直达巴士，1 小时约 2 趟车，行驶时间为 1 小时 30 分钟。巴士运行时间为 6：00 至 16：00。也可以参加日惹出发的旅行团。

我在印度尼西亚苏加诺—哈达机场乘坐印尼铁路的列车，这次的目的地是日惹。我乘坐了从雅加达甘伯车站发车的行政特快。印尼语与英语不同，拼写为“Eksekutif”，即英语中的“Executive”（行政）。

早上 8 点，列车出发了。令人惊喜的是，车厢内设有按摩室，可以享受指压按摩。按摩室虽然名叫“中村按摩”，按摩师却并不是日本人。如果是日本按摩师的话，估计客人会络绎不绝。大概按摩室取个日本名，会让人们对其按摩技术产生信赖。但未免也太大胆了吧。

雅加达科塔站，由荷兰东印度公司建造。

列车穿越田园地带，下午 2 点 58 分到达古都日惹站。31 年前我曾来过这里。车站的外观竟然与31 年前一模一样。车站附近的铁路道口也丝毫未变。当时马路上到处都是用自行车改造的侧三轮车“beca”，如今虽然数量有所减少，但是颜色鲜艳的侧三轮车在铁路道口等候列车通过的景象依旧，没有令我失望。日惹周边的铁路都没有电气化，美国制造的柴油机车和柴油车不紧不慢地行驶着。现在居然还有这样的地方啊！

在雅加达甘伯站等待发车的行政特快

那么，让我们去郊外的婆罗浮屠遗址看看吧。从日惹乘坐巴士约一个小时便可到达。婆罗浮屠

游客们可以登上婆罗浮屠寺庙顶部。

婆罗浮屠寺庙正面，基座边长约120米。

世界遗产婆罗浮屠寺庙群，3个环形平台上排列着72个小窣堵波。

由石块堆砌而成，是世界上最大的佛教寺院之一，据说一千年间一直掩埋在热带雨林和默拉皮火山的火山灰下。登上遗迹最高处，可以看到默拉皮火山威风凛凛的身姿。

婆罗浮屠寺庙最近的火车站日惹

从婆罗浮屠眺望活火山默拉皮山（2911米）。

印度

埃洛拉石窟群 阿旃陀石窟群

德干王公奥德赛号

Ajanta Caves, Ellora Caves

德干王公奥德赛号是行驶在印度西部马哈拉施特邦的豪华列车。始发站是建于1888年的世界遗产孟买贾特拉帕蒂·希瓦吉终点站。

发车前，我在专用候车室饮用了欢迎香槟，之后由专人引导来到14号站台。德干王公奥德赛号已经在此等候，深蓝色的车身带有金色线条。在乘务员的引导下上车后，我进入A包厢。这时，再次送上了欢迎饮料。下午4点40分，列车缓缓地驶离站台，7晚8天的德干高原周游之旅开始了。

车厢内的设施齐全，十分舒适。餐车有两节，6号车是西餐，7号车是印度菜。还设有一般列车上少见的水疗、健身、按摩、美发美容等各种服务。旅途中，一切餐饮均免费，只有酒和软饮需付费。

次日下车后，除了参观遗迹外，还有充实的休闲活

列车数据与行驶路线

列车名	德干王公奥德赛号
运营公司	马哈拉施特邦观光开发公司
起始站	孟买站
终点站	孟买站
车费	豪华车厢：315至650美元 总统套房：650至950美元
行驶时间	7晚8天（旅游列车）
轨距,是否电气化	1676mm，非电气化
URL	www.deccan-odyssey-india.com

备注 德干王公奥德赛号是7晚8天旅游团的旅游列车。费用包括住宿、用餐、景点费用等一切费用。每周三从孟买发团。行程如下：Mumbai-Sindhudurg-Goa-Vasco-Kolhapur-Aurangabad-Ajanta-Nshik-Mumbai。

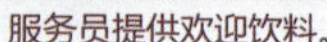
服务员提供欢迎饮料。

踩着红地毯上车。

周游马哈拉施特邦的印度豪华列车德干王公奥德赛号

（右）世界遗产阿旃陀石窟群，瓦沟拉河谷的断崖绝壁上石窟群连绵 600 米。
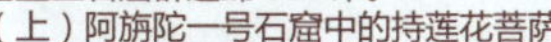
（上）阿旃陀一号石窟中的持莲花菩萨

盖拉什庙是印度最大的印度教石窟寺庙之一。

世界遗产埃洛拉石窟的盖拉什庙

动，每天日程排得满满的。第七天参观期待已久的阿旃陀石窟群。在丛林中沉睡了一千多年的石窟中保留着印度最古老的佛教壁画，其高超的技术水平和艺术表现力令人为之倾倒。

次晨 8 点 30 分，德干王公奥德赛号回到了一周前离开的孟买贾特拉帕蒂·希瓦吉终点站 14 号站台。我依依不舍，有种想重返列车的冲动。

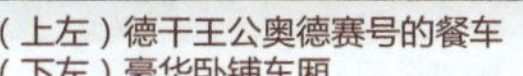
（上左）德干王公奥德赛号的餐车
（下左）豪华卧铺车厢

（上右）道拉塔巴德站，载歌载舞欢迎乘客们。
（下右）餐车中晚餐已经准备就绪了。

印度

泰姬陵

沙塔布迪特快列车

Taj Mahal

泰姬陵由白色大理石建造而成，据说是世界最美的建筑物。由于她通体洁白，据说从月球上都可以看到。“泰姬陵”（Taj Mahal）的意思是“宫廷的皇冠”。莫卧尔王朝第五代皇帝沙贾汗为了纪念皇后阿姬曼·芭奴，耗费20年以上建造的陵墓。为了哀悼心爱的皇后，建造了世界最美的陵墓，真是浪漫。看来去参观泰姬陵也要带着浪漫的心情。此行的目的地是泰姬陵所在地阿格拉。

去阿格拉可以在首都新德里乘坐沙塔布迪特快列车。“沙塔布迪”在印度语中是“世纪”的意思。在印度国铁中，沙塔布迪和拉吉达尼特快一样，是最高级的特快列车。

列车数据与行驶路线

列车名	沙塔布迪特快列车
运营公司	印度国铁
起始站	德里哈兹拉特·尼扎姆丁站（Hazrat Nizamuddin）
终点站	阿格拉坎通门站
车费	一等车厢两人座（空调）：640卢比 一等车厢三人座（空调）：343卢比
行驶距离	约188km　行驶时间　3小时10分
轨距是否电气化	1676mm，电气化
URL	www.indianrail.gov.in
备注	德里至阿格拉之间1小时有1趟车。大部分列车出发到达在德里哈兹拉特·尼扎姆丁站，一部分在新德里站。

德里哈兹拉特·尼扎姆丁站
新德里
沙塔布迪特快
印度
阿格拉坎通门站
泰姬陵

阿格拉坎通门站，印度常见的电动三轮车在等待乘客。

在新德里站等待发车的沙塔布迪特快，最高时速为160公里。

早上6点，天色未明，沙塔布迪特快离开了德里哈兹拉特·尼扎姆丁站。白色的电气机车头在前面，加上浅蓝色的车厢，一共约18节车厢。车厢内，通道两侧各有两个座位，十分宽敞。发车后，服务员开始提供咖啡和印度红茶，然后提供早餐。

“素食？非素食？”服务员询问我是不是素食主义者。我回答非素食，

世界遗产泰姬陵，莫卧尔帝国国王为了心爱的皇后而建造的陵墓。

沙塔布迪特快列车车身上贴着座位号和乘客名单。

沙塔布迪特快列车的列车员在提供香蕉。

于是热气腾腾的鸡蛋饼上桌了。

发车后 3 小时 10 分到达阿格拉坎通门站。站前挤满了去泰姬陵的电动三轮车。但请注意不要发生车费的纠纷，它有可能将你浪漫的心情一扫而空。

丰盛的早餐

柴油机车的木质模型

巴基斯坦

夏利玛尔快车

拉合尔古堡和夏利玛尔花园

Fort and Shalamar Gardens in Lahore

我在巴基斯坦第一大城市卡拉奇坎通门火车站乘上开往古都拉合尔的列车，列车飞驰在干涸的大地上。

拉合尔有句话说：“拉合尔就是拉合尔。”意思是：“拉合尔的美丽是独一无二的”。的确，绿树成荫、街道齐整的拉合尔是巴基斯坦首屈一指的美丽城市。从 11 世纪至 17 世纪，拉合尔作为莫卧尔王朝的都城繁荣一时，至今仍保留着多数古迹。我所乘坐的夏利玛尔快车的“夏利玛尔”是拉合尔城内波斯式花园的名字。它由莫卧尔王朝的沙贾汉皇帝建造，是巴基斯坦的第一名园。

列车上坐在我旁边的是一个穿着叫“shalwar qamiz”传统服装的老人。我错失了先打招呼的机会，但老人主动与我攀谈起来。正好是早餐乘务员来点菜的时候。他得知我听不懂巴基斯坦的语言乌尔都语后，马上帮我点菜。煎荷包蛋、土司面包和印度茶各来了两份，竟然都要我付账。老人点菜、我付账，午餐和下午茶都如此。

列　车　名	夏利玛尔快车
运营公司	巴基斯坦铁路
起　始　站	卡拉奇坎通门站
终　点　站	拉合尔站
车　　费	普通座位：1030巴基斯坦卢比
行驶距离	1263km　行驶时间　17小时45分至18小时
轨距,是否电气化	1676mm，非电气化
U　R　L	www.pakrail.com

备　注　夏利玛尔快车 1 天往返 1 趟。6 点卡拉奇发车，23 点 45 分到达拉合尔，6 点拉合尔发车，24 点到达卡拉奇。除此之外，还可以乘坐其他快车及夜车。1 天 7、8 趟，行驶时间为 20 至 24 小时。

世界遗产夏利玛尔壮观的喷泉

夏利玛尔快车停靠在中途站。在荒原上一路行来，满身尘土。

宏伟壮丽的宫廷建筑——世界遗产拉合尔城堡。1573 年由莫卧尔帝国第三代皇帝阿克巴大帝开始建造，之后各代皇帝加以扩建。照片是拉合尔堡城门。

伊斯兰教徒在站台的礼拜点做礼拜。

一等车厢有空调，车窗无法打开。

我鼓起勇气询问理由。老人回答说在这个国家富人接济穷人是理所应当的。我是富人？！到最后老人开始教诲我一切都是真主所赐。

列车终于驶进了拉合尔站。这趟列车不愧以名园冠名，是巴基斯坦铁路独一无二的高速优质列车。

车站小卖店，前方圆形罐子里是饼干。

斯里兰卡

城际快车

圣地康提古城

Sacred City of Kandy

列车数据与行驶路线

列　　车　　名	城际快车（IC）
运　营　公　司	斯里兰卡铁路
起　　始　　站	科伦坡要塞站
终　　点　　站	康提站
车　　　　　费	一等座：340斯里兰卡卢比 二等座：190斯里兰卡卢比
行　驶　距　离	120.73km　行驶时间　2小时33分至2小时50分
轨距,是否电气化	1676mm，非电气化
U　　R　　L	www.railway.gov.lk

备　　注　科伦坡至康提间的城际快车 1 天往返 2 趟。也可乘坐其他列车。城际列车全车座位对号入座。指定座位费用为一等车厢 125 卢比，二等车厢 100 卢比。

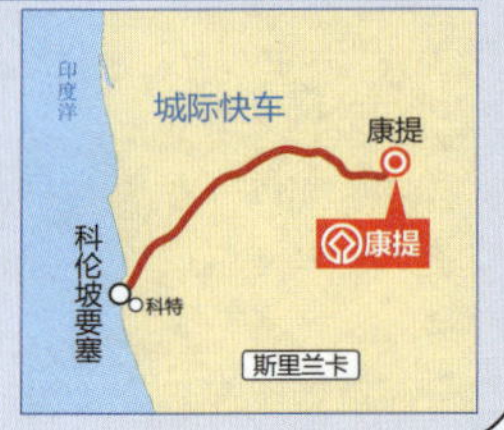

斯里兰卡是印度洋上的一个岛国，旧称“锡兰”。如今虽然改了国名，但冠以旧称的“锡兰红茶”仍是个家喻户晓的名牌，斯里兰卡依然是红茶的产地。红茶种植在海拔很高的高原地带。在斯里兰卡，红茶的主要产地在古都康提周边海拔 1900 米的丘陵地带——努沃勒埃利耶地区。康提是统治了 2000 年以上的僧伽罗王朝最后的都城，是佛教圣地，有供奉着佛祖释迦牟尼的佛牙的寺庙。红茶和世界遗产，真是令人心动的组合！

我打算在斯里兰卡最大城市科伦坡的科伦坡要塞火车站乘坐开往康提的列车。但是，斯里兰卡列车的方向牌上写着当地语言僧伽罗语，完全不知所云。询问了附近的站员，回答的大意是：“城市、之间、快车”，也就是“城际快车”的意思。

斯里兰卡最大的火车终点站——科伦坡要塞站，于 1865 年投入使用。

开往康提的城际快车行驶在印度洋沿岸。

列车车头是日本制造的柴油机车头，尾部是观景沙龙车厢。发车后可以看到窗外辽阔的田地，然后慢慢地爬升，增加高度。科伦坡到康提之间是一条以陡峭

城际快车最后的车厢是一等观景车厢。

斯里兰卡是虔诚的佛教国，因此乘客中有不少僧人。

世界遗产佛牙寺。作为镇寺之宝，
供奉着佛祖释迦牟尼的佛牙。

世界遗产佛国圣地康提是延续了 2000 年的僧伽罗王朝最后的都城，
作为高原湖畔的佛教胜地繁荣起来。

险峻而出名的高山线路。因此，一路上不断地上下陡坡和急转弯，身体左右摇晃。即便如此，在沙龙车厢欣赏到了宏伟的景色。正在欣赏景色时，乘务员来推销红茶。我品味着香浓美味的奶茶，十分轻松愉快。

（上）位于高原的火车终点站——康提站。车站建筑中央用斯里兰卡官方语言僧伽罗文字写着“康提站”。
（右）整条路线没有电气化，不少单线区间采用路签闭塞方式。各车站交换路签的情形是一道风景线。

伊斯坦布尔历史街区

杜乃尔与有轨电车

Historic Areas of Istanbul

列车数据与行驶路线

列车名	有轨电车、杜乃尔
运营公司	伊斯坦布尔市交通局
路径	有轨电车:T1、T4 杜乃尔:卡拉柯伊至杜乃尔
车费	有轨电车：单次票 2里拉 杜乃尔：单次票 3里拉
行驶距离	有轨电车：约18km 杜乃尔：573m
轨距,是否电气化	1435mm,电气化 URL www.iett.gov.tr
备注	有轨电车可以使用单次票、捷通币（Jeton）、伊斯坦布尔卡。杜乃尔可以使用单次票、伊斯坦布尔卡，不能使用捷通币。两次票是5里拉，5次票是12里拉，10次票是23里拉。这些票可以在地铁、有轨电车、市内公交车、地下缆车、都城巴士（metrobus）使用。

土耳其最大的城市伊斯坦布尔，东面隔着博斯普鲁斯海峡的是亚洲大陆，西面连接欧洲大陆，被称为欧洲和亚洲的桥梁。一提到伊斯坦布尔，脑海中就跳出“混沌”、“充满魅力”等词语，也许是因为风靡一时的流行歌曲《飞翔吧，伊斯坦布尔》的关系吧。或者是因为圣索菲亚大教堂、拉普卡珀王宫等美妙绝伦、独具特色的世界遗产吧。不管怎样，伊斯坦布尔是个令人向往、充满魅力的城市。

伊斯坦布尔市内有多种交通工具，连接亚洲和欧洲的博斯普鲁斯海峡渡轮、游览老城区和新城区的有轨电车等，十分便捷。其中别具一格的是世界最短的地铁“杜乃尔”，土耳其语的意思是“隧道”。其全长573米，从位于加拉太桥附近博斯普鲁斯海峡渡轮的起点卡拉柯伊栈桥前的卡拉柯伊站，到杜乃尔广场，行驶在新城区的地下。

有轨电车行驶在伊斯坦布尔最繁华的商业街独立大街。

世界最短地铁杜乃尔。由于坡度很陡，车辆在缆绳牵引下移动。

我在自动检票口刷一下电子票Akbil后，坐上车。列车仅两节车厢，发车后不断地爬坡，不一会儿就到了杜乃尔广场。计算得出，3分钟爬升了60米的高度。

杜乃尔地铁于1875年开通，是世界第二

(上)世界遗产伊斯坦布尔历史街区的代表性建筑圣索菲亚教堂，邻近拉普卡珀王宫，是拜占庭建筑的最高杰作。
(右)有轨电车驶过新旧城区分界处的加拉太桥。它由四节车厢组成，采用了无障碍低地板设计。
(下)世界遗产拉普卡珀王宫的大门。它建造在博斯普鲁斯海峡边上的小山丘上，是奥斯曼王朝400年的都城。

旧车型的有轨电车停靠在塔克西姆广场。

世界遗产圣索菲亚大教堂，大圆顶下的内殿宏伟壮观。

古老的地铁，仅次于开通于1863年的伦敦地铁。当时没有进行电气化，以蒸汽为动力。其实这不是一条普通的地铁，而是地下路面缆车。因为建造地铁的地方坡度太陡，只好采用了缆车。

(上)蓝色有轨电车行驶在旧城区。
(下)有轨电车的模型，由马口铁制造。

最新型的有轨电车由阿拉斯托姆公司制造。

第五章

坐火车去
大洋洲的世界遗产

①高山观景号（新西兰）
②东加里罗国家公园（新西兰）
③乌鲁汝（澳大利亚）
④库兰达观光火车（澳大利亚）

澳大利亚

乌鲁汝—卡塔楚塔国家公园

GSR汗号火车

Uluṟu-Kata Tjuṯa National Park

乌鲁汝又名艾尔斯岩石，是一块高348米、周长约10公里的巨大岩石。它突兀地矗立在澳大利亚大地中央广袤的沙漠中，令人震撼。在阳光下变换出七色的景象，又十分神圣。

乌鲁汝之旅开始于南澳大利亚州的首府城市阿德莱德。下午2点发车，到达下车站爱丽斯泉站约25小时，是1晚2天的旅行。我乘坐的是汗号卧铺快车，这是一辆由33节车厢组成的超长列车，令人惊讶。但更令人吃惊的是，其中7节为头等车厢、6节为餐车和娱乐休息车厢，非常奢侈，真不愧是澳大利亚最具代表性的长途列车。车身上“THE GHAN”的文字和骆驼图形的标志也很神气。据说在建造这条铁路时，从阿富汗输入的骆驼发挥了巨大作用。为了纪念其功绩，列车以“汗”来命名。

用完晚餐，在休息车厢小酌以后，上床准备就寝。窗外是一望无际的沙漠。什么都看不到吧，这样想着，忽然满天繁星映入了眼帘。啊，还有南十字星！这颗在日本看不到

列车数据与行驶路线

列车名	汗号		
运营公司	大南部铁路公司（Great Southern）		
起始站	阿德莱德站		
终点站	爱丽斯泉站		
行驶距离	1414km	行驶时间	25小时25分
轨距，是否电气化	1435mm，非电气化		
URL	www.gsr.com.au		

备注　爱丽斯泉市到艾尔斯岩石度假区可以乘坐澳洲航空公司的航班或者灰狗先锋巴士（Greyhound），约6小时。艾尔斯岩石度假区到艾尔斯岩石约19公里。从爱丽斯泉市发团的旅行团也不少。

晚餐的主菜是鱼和蔬菜。

餐车的服务员领班

汗号列车飞驰在丛林中。33节车厢真长！

世界遗产乌鲁汝，又名艾尔斯岩石，是闻名遐迩的世界最大巨石。基围 9.4 公里，高 348 米。是土著人的圣地。

乌鲁汝的黎明，壮丽的日出。

不锈钢的车身和椰子树，充满了南国风情。

汗号的金袋鼠级别卧铺

的星星在夜空中闪烁着。

次晨 10 点，列车驶入爱丽斯泉站。正如“爱丽斯之泉”的名字一样，这个城市是沙漠中的绿洲。在这儿换乘巴士去目的地乌鲁汝，距离约 470 公里，需 6 小时的车程。车外是高达 40 度的酷暑。

铁路纪念品搪瓷马克杯

注意袋鼠的道路标识

澳大利亚

大蓝山山脉

曲折铁路

Greater Blue Mountains Area

列车数据与行驶路线	
运营公司	曲折铁路（Zig-Zag Railway）
起始站	底部站
终点站	底部站
车费	往返：29.50澳元
行驶时间	1小时25分至1小时40分（往返）
轨距是否电气化	1067mm，非电气化
URL	www.zigzagrailway.com.au

备注 在悉尼中央站乘坐开往巴瑟斯特的城市铁路（City Rail）的大蓝山线，乘车时间约 2 小时 40 分至 2 小时 50 分。请注意，如果乘客不强调，司机不会在曲折站停车。曲折站到底部站步行约 5 分钟。曲折铁路一天往返 4 趟。蒸汽火车仅在周末往返 3 趟。

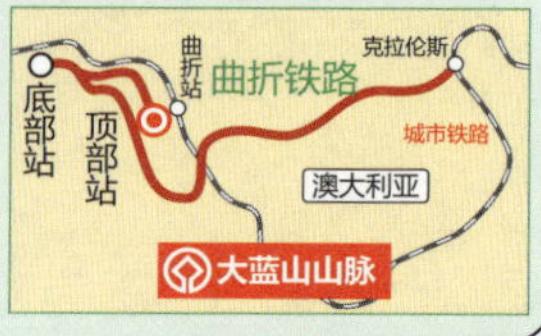

我在悉尼中央站坐上了名叫“红茄苳”的大蓝山线列车。这趟列车的终点站是悉尼以西约 150 公里处的利斯哥，而我的目的地是利斯哥前一站曲折站。

上车以前，我为了慎重起见，在站台询问列车员：“这趟列车是去曲折站的吗？”“当然去。不过请坐最后一节车厢。”也许是因为曲折站站台太短了，还是……我心中带着疑问，坐上了 8 节车厢的最后一节。

开车后约一小时，悉尼的房屋渐渐消失，列车驶入了满目葱翠的山林之中。这里就是世界遗产大蓝山，郁郁葱葱地生长着九十多种桉树。桉树挥发出的气体让山体笼罩在蓝色烟雾中，大蓝山因此得名。

在底部站等待发车的柴油机车。

蒸汽火车向前推进，行驶在曲折铁路上。

果不其然，曲折站是个无人站，站台仅 10 米左右，不到一节车厢的长度。而且，如果没有乘客下车，就不会停车，下车的话需要主动提出来。难怪乘客们被集中到最后一节车厢。

在这里换乘曲折铁路，这是一条被特地保留下来的铁路，上面依

世界遗产大蓝山著名的贾米森峡谷三姐妹峰，在当地土著人间流传着悲伤的传说。

马车式样的车厢内，快乐的一家人。

怀旧的木质车厢，车门是向外开的。

停在曲折站的"红茄苳"列车，站台长度约10米。

然行驶着蒸汽机车。漂亮的英国绿机车头牵引着4节双色木质车厢。列车员身穿燕尾服，头戴圆顶硬礼帽。在高昂的汽笛声中，蒸汽火车出发了。攀越陡坡，在中途站停车后，接着改变方向，向前推进行驶。脚下能看到刚才一路行来的铁轨。这条路线蜿蜒曲折，正好呈一个"Z"字形。

曲折铁路纪念品，货真价实的煤炭上印着曲折铁路的图片。

蒸汽火车和柴油机车在铁路曲折部分相聚又离别。

澳大利亚

昆士兰湿热带地区

库兰达观光火车

Wet Tropics of Queensland

列车数据与行驶路线

列车名	库兰达观光火车		
运营公司	昆士兰铁路（Queensland Rail）		
起始站	凯恩斯站		
终点站	库兰达站		
车费	单程：48澳元 往返：72澳元		
行驶距离	33km	行驶时间	1小时45分
轨距，是否电气化	1067mm，非电气化		
URL	www.kurandascenicrailway.jp		

备注 凯恩斯至库兰达间1天往返2趟。车上有黄金级别的特等车厢，提供各种饮料、小吃，赠送乘车纪念品。车费单程95美元，往返165美元。

昆士兰州连接凯恩斯和库兰达的库兰达观光火车是世界数一数二的高山铁路，也是澳大利亚顶尖的风光秀丽的铁路。

上午8点30分，火车拉响汽笛，离开了凯恩斯站。柴油机车头上画着澳大利亚土著人的艺术作品锦蛇。火车穿过市内，经过甘蔗田地，车窗外吹来怡人的凉风。不一会儿，火车开始进入岩石嶙峋的峡谷地带，如同蛇一般，左右摇晃着长长的车身前进。窗外是断崖绝壁，令人感动的奇妙风光。我看着如此陡峭的铁路路线，不由暗暗惊叹，竟然在这样的环境中建成了铁路。

这条铁路开始建造是在1886年。然而，最初承包该工程的PC史密斯公司由于无法忍受如此恶劣的施工环境，几个月后放弃了。之后接手的麦克布赖德公司在两个月后也撤退了。结果只有州政府接管继续施工，在山区无法使用机器，用鹤嘴锄、铁锹和水桶，赤手空拳地开凿拓荒。全长33公里的线路上，建造了15条隧道、93个急弯和数架铁

终点站库兰达站，红色屋顶和巨大的蕨类植物令人印象深刻。

库兰达观光火车行驶在红色岩石的绝壁之上。

库兰达站站台上郁郁葱葱的热带植物

空中缆车行驶在世界遗产热带雨林上空，这是一条连接库兰达站和卡拉沃尼卡湖的缆车。

中途在巴伦瀑布站下车，观赏巴伦瀑布。

柴油机火车的名字在土著人语言中是“锦蛇”的意思。

桥。据说5年后，火车开通仪式在施工最困难的石溪大桥(Stony Creek)举行，美食美酒摆放了数百英尺。

最后，火车到达热带雨林小镇库兰达站。这里是世界上最古老的热带雨林，可以看到一亿两千万年前植物的原始状态。

库兰达观光火车纪念品手工磁铁

库兰达观光火车的始发站凯恩斯站

新西兰

北方探险号 东加里罗国家公园

Tongariro National Park

列车数据与行驶路线

列车名	北方探险号		
运营公司	新西兰观光火车（Tranz Scenic）		
起始站	奥克兰站		
终点站	国家公园站		
车费	88新西兰元		
行驶距离	334km	行驶时间	5小时15分
轨距，是否电气化	1067mm，电气化/非电气化		
URL	www.kiwirailscenic.co.nz		

备注　北方探险号行驶在奥克兰—国家公园—惠灵顿间，1周仅3趟。奥克兰周一、四、六发车，惠灵顿周二、五、日发车。从国家公园站到东加里罗国家公园观光的中转点华卡帕帕村可以乘坐Roam Aotearoa公司的巴士，需要预约。

东加里罗国家公园是世界上第四个建立的国家公园，也是新西兰最早的国家公园。公园周边一带作为当地土著毛利人的圣地受到崇拜，毛利首长对其未来能否作为圣地维持下去感到忧虑，因此以永久保护为条件，将东加里罗山、瑙鲁霍伊霍山、鲁阿佩胡山三座火山无偿转让给政府，由此保护了圣地。

我在奥克兰站乘坐开往惠灵顿的快车北方探险号，此行目的地是世界遗产东加里罗国家公园。列车充满旧式美国气息，蓝色的柴油机车头牵引具有复古风情的5节车厢。只有最后的车厢是新型的观光沙龙车厢。

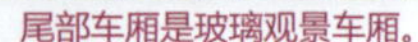

尾部车厢是玻璃观景车厢。

车窗外东加里罗国家公园的风景

8点30分，列车准点出发，一路南下。10点用茶饮，12点用午餐，令人高兴的是，这一切都免费。午餐的鸡肉三文鱼单层三明治十分美味，满足了饥饿的肚子。吃饱喝足，舒服得想睡，但这时一定要保持清醒。因为，好戏马上要开演了，列车要进行螺旋形行驶、翻越东加里罗国家公园。

在哈密尔顿站柴油机车和电气机车进行交接。

世界遗产东加里罗国家公园。东加里罗贝尔维城堡酒店后是鲁阿佩胡火山（海拔 2797 米）。

列车从平坦的草原地带进入险峻陡峭的山区，隧道、铁桥、弯道接连不断。列车穿越了长长的弯形隧道后，乘客们欢呼起来。大峡谷的全景展示在眼前，可以看到刚才一路行来的铁路。抬头一看，铁桥和隧道的入口时隐时现。究竟是从哪里过来的，怎样过来的呢？在无数次重复旋转中，我已经失去了方向感。

列车穿越最后的隧道，前方就是国家公园站。雄伟的三座火山矗立在眼前。

北方探险号的终点站惠灵顿站

新西兰西南部蒂瓦希普纳姆与阿尔卑斯山号

Te Wahipounamu - South West New Zealand

列车数据与行驶路线

列车名	高山观景号
运营公司	新西兰观光火车（Tranz Scenic）
起始站	基督城站
终点站	格雷茅斯站
车费	189新西兰元
行驶距离	231km　行驶时间　4小时30分
轨距是否电气化	1067mm，非电气化
URL	www.kiwirailscenic.co.nz
备注	基督城至格雷茅斯1天仅往返1趟。基督城8点15分发车，格雷茅斯13点45分发车（按照2013年1月的时刻表）。

新西兰南岛上以海拔3756米的库克山为主峰的南阿尔卑斯山作为世界遗产蒂瓦希普纳姆的一部分受到保护。阿尔卑斯山号高山观景快车是翻越南阿尔卑斯山的列车。其他的列车最长不过4节车厢，只有这趟列车由8至10节车厢组成，其中有2节室外观光车厢。可见这条路线是多么受人欢迎。的确，在火车站和站台上挤满了渴望一睹南阿尔卑斯山沿途风光的乘客。

9点，满载乘客的蓝色列车驶离了基督城站，在辽阔的坎特伯雷平原上向西行驶。草原尽头，可以看到山峦起伏、白雪皑皑的南阿尔卑斯山，令人兴奋和期待。

阿尔卑斯山号途径海拔最高的车站亚瑟通道站，海拔737米。

阿尔卑斯山号火车车头是由多个Kiwirail的柴油机车连接的。

列车驶过斯普林菲尔德站后，窗外景色陡变，刚才悠闲自在的景色一下子消失了，而陡峭险峻的峡谷近在眼前。开始翻越南阿尔卑斯山了。列车放慢速度，左右转弯，谨慎小心地行驶

世界遗产蒂瓦希普纳姆的标志——新西兰最高峰库克山（毛利语中意为“长白云山”），海拔 3756 米。

阿尔卑斯山号的观光车厢

铁路磁铁纪念品

船上观赏米佛峡湾。

着。我低头看着清澈的怀马卡里里河，不由对这险峻而又美丽的风光感到无比激动。乘客们不时发出尖叫或欢呼。

不久列车驶入亚瑟通道站。这里海拔 737 米，是这条铁路海拔最高的车站，也是南阿尔卑斯山的登山基地。登山客们在这里下车，走向南阿尔卑斯山的各个山峰。然后，列车驶进了全长 8554 米的奥蒂拉隧道，穿过这条长长的隧道后，到达终点站格雷茅斯站。这里曾是个繁华的淘金小镇。

冰川蓝的冰川水注入湖中。

第六章

①马丘比丘（秘鲁）
②大峡谷铁路（美国）
③里约热内卢（巴西）
④ VIA 加拿大号（加拿大）

坐火车去 南北美洲的世界遗产

美国

大峡谷国家公园

大峡谷铁路

Grand Canyon National Park

列车数据与行驶路线

运营公司	大峡谷铁路
起始站	威廉姆斯站
终点站	大峡谷站
车费	70至199美元（往返）
行驶距离	约102.50km（63.7英里）
行驶时间	2小时15分
轨距，是否电气化	1435mm，非电气化
URL	www.thetrain.com
备注	2013年1月，9：30威廉姆斯发车，11：45到达大峡谷。15：30大峡谷发车，17：45到达威廉姆斯。座位分5种：普通车厢、头等车厢、观景圆顶车厢、豪华圆顶车厢、豪华休闲车厢。

美国最受欢迎的观光地之一大峡谷是世界最大的峡谷，保留着地球20亿年前的记忆。其长约450公里，与东京到大阪的直线距离相当。1979年，大峡谷被认定为世界遗产。如今可以便捷地通过巴士旅行团或观光飞机去游览，过去只有铁路才能到达那里。一百多年前，铁路将乘客源源不断地运送到大峡谷，1974年一度被弃用，但如今作为观光铁路重新启用了。

木质的大峡谷车站，1909年建造。

始发站是亚利桑那州威廉姆斯。车头是Alco的柴油机车，曾经牵引过横跨美洲大陆的快车，昵称为“狗鼻子”。其后是20世纪20年代制造的名叫“普尔曼”的木制车厢，是被称为“coach class”（普通座位）的最便宜的座位。后面是5节比头等车厢更胜一筹的波纹（corrugate）车厢，这些20世纪50年代制造的不锈钢车厢，曾作为横跨美洲大陆的快车风光一时。尤其受到青睐的是车窗玻璃直至顶部的360度观景圆顶车厢。最后的车厢是豪华休闲车厢，其后部是室外观景平台。座位分5个级别，越高的级别越受人

Alco制造的柴油机车在威廉姆斯站等待发车。

观景圆顶车厢的玻璃窗一直到顶上。

在普通座位车厢，表演家在演奏小提琴。

牛仔与大峡谷列车相得益彰。

世界遗产大峡谷，在科罗拉多河数亿年的冲刷侵蚀下形成。

欢迎，也越容易被抢购一空。

上午 9 点半后，车站前出现了一个骑马的牛仔。原来开始表演西部剧了。最后警官出现，解决问题。10 点准时发车，不光是牛仔，铁路工作人员全体欢送我们。2 小时 15 分钟后，到达大峡谷站。站前是大峡谷的雄伟景色。

大峡谷列车行驶在荒原上，列车尾部有观景平台。

美国

纽约地铁B号线 自由女神像

Statue of Liberty

《搭乘 A 列车》是爵士乐的经典名曲，也是埃林顿公爵乐团的拿手曲目。其实这是一首关于纽约地铁 A 号线的歌曲。A 号线穿越哈莱姆区的地下，实际乘坐后，感觉与歌曲给人的印象大不相同，并不愉快。全线都在地下行驶，完全看不到景色。地铁当然是在地下行驶，但我还是暗暗期待偶尔能开到地面，让我看看外面的风景。于是，我尝试着乘坐了很多地铁，最终得出结论，B 号线最棒。

B 号线的始发站是哈莱姆区 145 街。同样从曼哈顿岛到布鲁克林，A 号线通过隧道穿东河下，而 B 号线则通过曼哈顿桥，换言之，是走地面上。脚下是东河，前方是布鲁克林桥，再前方是下城鳞次栉比的摩天大楼。右边的大海上，矗立着自由岛的自由女神像。只要乘坐这条地铁，就能看到纽约代表性的名胜和建筑。竟然能从地铁的车窗外看到自由女神像，真让人惊喜！据说自由女神像的全称是“自由照亮世界”，是法国为了庆祝美国独立 100 周年赠

MTA New York City Subway

列车数据与行驶路线

列车名	纽约市营地铁
运营公司	纽约大都会运输署（Metropolitan Transportation Authority，简称MTA）
行驶路线	27
车费	单次票：2.50美元
行驶距离	约374km
轨距,是否电气化	1435mm，电气化
URL	www.mta.info

备注　去自由女神像在地铁 4、5 号线 Bowling Green 站下车。在炮台公园乘坐女神像游船（Statue Cruises），约 15 分钟到达。船费为大人 16 美元 /24 美元（附带日语语音导游）。女神像游船网址 URL：www.statuecruises.com。

纽约市营地铁（B号线）
145街
中央公园
帝国大厦
23街
哈德逊河
东河
曼哈顿桥
炮台公园
美国
自由女神像
康尼岛

B 号线在 145 街站。位于曼哈顿岛北部，前方是布朗克斯区。

纽约地铁B 号线到达康尼岛站。

B 号线行驶在左边的6 号街（美国大街）地下。

康尼岛的著名小吃美食胜(Nathan's Famous) 的热狗

在 6 号街地铁出口处仰望帝国大厦。

世界遗产自由女神像。1886 年，为庆祝美国独立 100 周年，法国赠送的礼物。

送的礼物，这个名字也很有美国特色。

我欣赏到了意料之外的美景，十分高兴。正沉浸在激动和喜悦中，地铁驶入了终点站康尼岛。

（上）带着地铁线路图的圆珠笔
（下）14 街联合广场站的钥匙圈。这里有 6 条地铁线。

布鲁克林区的纽约交通博物馆陈列着历代地铁车厢。

加拿大

加拿大落基山脉公园

VIA 加拿大号

Canadian Rocky Mountain Parks

北美大陆行驶距离最长的穿越大陆的快车是 VIA 铁路的加拿大号。行驶距离达 4466 公里，仅次于俄罗斯的西伯利亚铁路，是世界第二长的铁路，在世界著名列车中也名列前茅。从温哥华至多伦多，行驶时间为 71 小时 30 分，即 3 晚 4 天。

这次我的计划是从温哥华到中途的杰士伯站 1 晚 2 天的旅程，目的是为了充分欣赏世界遗产加拿大落基山脉。下午 5 点 30 分，加拿大号列车离开了温哥华太平洋中央站。列车车头由 3 个柴油机车组成，中间是 1 层为娱乐休息室、2 层为观景圆顶（SkyLine）的车厢，尾部是设有休息室的观景车厢。

列车数据与行驶路线

列车名	加拿大号
运营公司	VIA RAIL
起始站	温哥华太平洋中央站
终点站	杰士伯站
行驶距离	866km　行驶时间　19小时30分
轨距,是否电气化	1435mm，非电气化
URL	www.viarail.ca

备注　列车车厢分为普通座位车厢（Coach）、双层卧铺（Berth）、单人卧铺间（Roomette）、双人卧铺间（Bedroom）。卧铺乘客可以在餐车用餐，费用包含在车费里。夏季游客多，最好预约。2013 年 1 月，周二、五从温哥华发车。杰士伯开往温哥华的列车也是周二、五发车，每周 2 班。

从列车尾部的圆顶观景车厢中拍摄落基山脉。

加拿大号停在加拿大落基山脉的门户杰士伯站。

次晨 4 点，我凝视窗外，只见列车穿行在森林深处。树丛间，白雪皑皑的高峰时隐时现，那就是加拿大落基山脉。不久，太阳升起在落基山脉的山峰上，让人饱览了这里庄严肃穆的日出。与此同时，我起身去餐车，沐浴着朝阳、享受咖啡，真是别具一格。用过早餐后，我去了尾部的观景车厢。因为今天最大的亮点——翻越落基山脉之旅已经开始

世界遗产加拿大落基山脉国家公园。这里是白雪皑皑的山峰、针叶林、冰川湖和野生动物的宝库。

在杰士伯站嬉戏的麋鹿一家

加拿大落基山脉的佩图湖

圆顶观景车厢中乘务员在提供香槟酒。

了。2 楼是玻璃顶的超级圆顶，可以前后左右 360 度无视线障碍地观景。

列车跨越北美大陆分水岭后，11 点 20 分到达杰士伯站。这里是加拿大落基山脉北部的门户。山脉和河谷、大冰原和冰川湖交织出了一派雄伟壮观的大自然美景，让我们尽情欣赏吧。

丰盛的早餐

铁路纪念品观景列车模型

列车飞驰在冬季的落基山脉中。

墨西哥

墨西哥城历史中心

墨西哥城地铁

Historic Centre of Mexico City and Xochimilco

列车数据与行驶路线

列车名	墨西哥城地铁
运营公司	STC Metro
行驶路线	11
车费	单次票：3墨西哥比索
行驶距离	约202km
轨距，是否电气化	1435mm，电气化
URL	www.metro.df.gob.mx

备　注　约20年前，墨西哥国铁公司运营着从墨西哥城开往全国各地的快速列车，但随着飞机和廉价巴士的普及而逐渐被淘汰，如今已经没有从墨西哥城出发的中长距离列车。

墨西哥城历史中心
布埃纳维斯塔火车站
STC Metro
墨西哥
索卡洛广场

墨西哥首都墨西哥城位于海拔2240米的高原，是北美大陆最大的城市。曾经是阿兹特克帝国的都城，遭到入侵的西班牙人彻底摧毁之后，在废墟上建立起了墨西哥城。

墨西哥物价便宜，电车、公交车等公共交通的车费也很便宜。地铁票多少钱呢？坐一站和坐到终点站票价一样，大人一次3比索，据说是最便宜的地铁。真让人觉得划算。

墨西哥城地铁的橡胶轮胎。也许是因为急刹车，闻到一股橡胶臭味。

我步入地铁站台，首先映入眼帘的是由法国制造的车厢下方的橡胶轮胎。在日本，札幌的地铁也采用了橡胶轮胎，但似乎有所不同。札幌的地铁仅靠橡胶轮胎行驶，而墨西哥的地铁是两根轨道加上火车的铁轮。这与普通列车相同，不同的是另外加上了加速和减速用的橡胶轮胎。因此，如汽车一般，加速很快，快得一刹车会冒烟。在高地需要当心喘不过气来，但这地铁无论跑得多快，也不用担心。

行驶在San Lazaro 附近的墨西哥城地铁1 号线，1969 年开通。

世界遗产墨西哥历史中心的索卡洛广场（中央广场），左边的建筑是墨西哥大教堂。

墨西哥城郊外的世界遗产特奥蒂瓦坎

在索卡洛广场曾举行过许多墨西哥重要的仪式。

列车同时使用铁轮和橡胶轮胎。

另外，车上的站名标识给人提供了极大的方便。175个车站的站名旁都画着图案，如教堂站旁边是大教堂的图案。对于不擅长西班牙语的游客来说实在是帮了大忙。所以可以放心大胆地去参观世界遗产大教堂和国家宫殿，无需担心会迷路。

（上）德国大众的出租车是墨西哥城的一道风景线。十分罕见的双门出租车，车内没有副驾驶座，乘客需要坐到后座。
（左）索卡洛广场上飘扬着国旗，对面是墨西哥大教堂。

巴拿马加勒比海沿岸防御工事

巴拿马运河铁路

Fortifications on the Caribbean Side of Panama: Portobelo-San Lorenzo

巴拿马位于南北美大陆的交界处。巴拿马的南海岸邻接太平洋，北海岸邻接加勒比海，南海岸到北海岸最接近的地方约 65 公里。为了轮船能够通航，在之间开凿了巴拿马运河。1914 年运河开通，以往取道南美大陆最南端的船只大大缩短了时间，大西洋和太平洋的往来交通得到了大幅改善。

但是，您知道巴拿马运河沿岸有一条铁路吗？铁路的名字就叫“巴拿马运河铁路”。它早在 1855 年就已通车，比运河开通早 59 年，把到达太平洋沿岸巴拿马港口的轮船乘客和货物运送到加勒比海沿岸科隆港口。而且当然，现在仍在使用。巴拿马运河看似方便，其实船只等待通过的时间要数个小时。与之相较，铁路实际上不费时，而且更快。

列车离开太平洋岸边的巴拿马城站，1 小时后到达大西洋岸边的科隆站。车头是美国制造的柴油机车。坐上无

列车数据与行驶路线

运营公司	巴拿马运河铁路		
起始站	巴拿马城站		
终点站	科隆站		
车费	25美元		
行驶距离	76km	行驶时间	1小时
轨距，是否电气化	1435mm，非电气化		
URL	www.panarail.com		
备注	巴拿马城至科隆间 1 天仅往返 1 趟（仅周一到周五）。7 :15 巴拿马城发车，17 :15 科隆发车。从科隆巴士站到波托韦洛可以乘坐巴士，每小时 1、2 趟，约需 1 小时 20 分。		

日本制造的阿普托式柴油机车牵引着经过巴拿马运河的轮船。

巴拿马运河铁路列车到达科隆站，车头是F40 型柴油机车。

世界遗产加勒比海沿岸防御工事之一的波托韦洛碉堡，保留着 18 门大炮。

波托韦洛要塞桑海洛默遗迹

NYK 日本邮船公司的集装箱船行驶在巴拿马运河上。

巴拿马运河铁路的柴油机车司机

遮挡的圆顶观景车，能充分观赏巴拿马运河的风景。回程则可以坐上游览船，享受运河之旅。

位于科隆东北部的港口城市波托韦洛，在西班牙殖民地时代，作为重要的白银输出港而繁荣发展。当时为了防止海盗打劫，建造了一系列防御工事。现在保留下来的碉堡在波托韦洛有 5 座，还有位于波托韦洛西南山丘上的圣洛伦索碉堡。

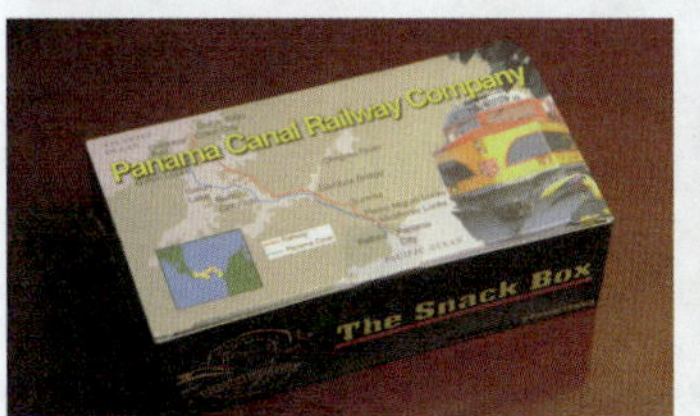

（上左）巴拿马城站内用各国语言写着“欢迎”。（下左）饭盒上印着铁路路线图。

（上右）巴拿马运河铁路的圆顶观景车厢（下右）提供饮料和小吃。

哈瓦那老城及城堡

UFC卡萨布兰卡线

Old Havana and its Fortifications

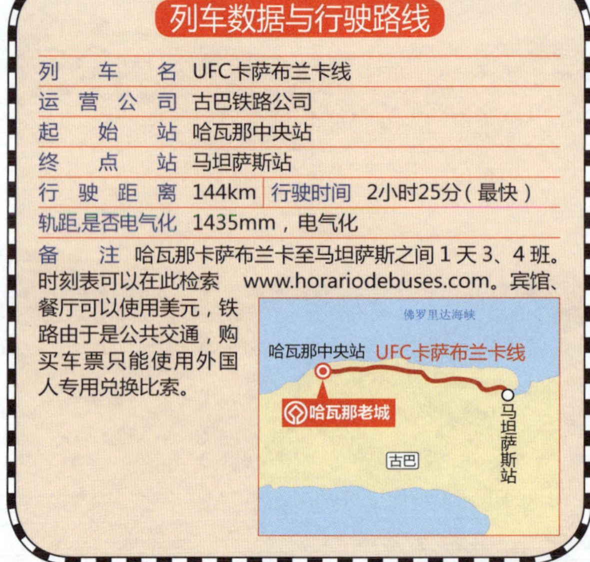

列车数据与行驶路线

列　车　名	UFC卡萨布兰卡线
运营公司	古巴铁路公司
起　始　站	哈瓦那中央站
终　点　站	马坦萨斯站
行驶距离	144km　行驶时间　2小时25分（最快）
轨距是否电气化	1435mm，电气化

备　注　哈瓦那卡萨布兰卡至马坦萨斯之间1天3、4班。时刻表可以在此检索 www.horariodebuses.com。宾馆、餐厅可以使用美元，铁路由于是公共交通，购买车票只能使用外国人专用兑换比索。

古巴岛被西班牙统治后的16世纪以后，哈瓦那作为行政中心地以及白银、砂糖、香烟的输出港，繁荣热闹。旧城区中至今仍有不少当时建造的古迹以及防御海盗袭击的要塞，保留着往日的风貌。

为乘坐古巴国家铁路（UFC）卡萨布兰卡线去马坦萨斯，我到了哈瓦那中央站。那是一座1912年建成的教堂式建筑，漂亮的装饰和彩色玻璃值得一看。

列车采用的是西班牙的二手车厢，但集电弓的台架已经破旧不堪。

然而令人惊讶的是，列车只有3节车厢组成，而且破破烂烂的，也不知道是哪里制造的、没有头绪的电车。实行社会主义体制后，古巴与美国断绝了邦交，至今在街头仍能看到20世纪50年代的美国古董车。所以估计铁路也是50年代的。

在马坦萨斯站等待发车的UFC卡萨布兰卡线

为了进行维修，列车先是发车晚点了一小时。好不容易开动了，摇晃得厉害，一会儿集电弓火花四溅，一会儿停电，问题百出。这真是50年代的列车。我暗自叹服，居然能在这样的状态下行驶。忽然从车顶倾泻下火花，随着一声轰响，周围陷入一片漆黑，列车如同向前跌倒一般急刹车。原来电线竟然断了，而且缠绕在集

世界遗产哈瓦那老城和要塞群之一拉篷塔堡，为了保卫哈瓦那港和运河而建造的。

加西亚洛尔迦剧场是一座精美的巴洛克建筑。

骑马凝望哈瓦那湾的马克西姆·戈麦兹塑像。

驾驶室操作台上连速度计的指针都不见了。

UFC 卡萨布兰卡线车内

电弓上了。此时已是夜晚 9 点多了。司机望着车顶说：“Mañana”（明天）。

我无计可施，只好下车，沿着铁轨在黑暗中走到最近的铁路道口。走了约一个小时，终于到了。四周是寂静的甘蔗田，夜更深了。

立于哈瓦那旧城区的庆长遣欧使节支仓常长塑像

从 UFC 卡萨布兰卡线眺望日落。

秘鲁

马丘比丘

海勒姆·宾厄姆号

Historic Sanctuary of Machu Picchu

列车数据与行驶路线

列车名	海勒姆·宾厄姆号
运营公司	东方快车
起始站	坡罗依站（Poroy）
终点站	马丘比丘站
车费	427至438美元
行驶距离	86km　行驶时间　3小时20分至3小时26分
轨距,是否电气化	1435mm，电气化
URL	www.orient-express.com/web/hb/hiram_bingham.jsp
备注	海勒姆·宾厄姆号1天只往返1次。费用包括列车内的餐费、车站至马丘比丘的巴士车费、马丘比丘门票、英语导游（列车内）。周一至周五运营。除此以外，还可以乘坐Vistadome、Expedition等印加铁路公司的列车。总共1天4至7趟车。

去印加帝国的城市遗迹马丘比丘唯一的交通工具是火车。因为安第斯山脉地势险峻，没有道路。开往马丘比丘的列车大多数在库斯科市内的圣佩德罗站发车，但海勒姆·宾厄姆号是从郊外的坡罗依站出发。这里是豪华列车海勒姆·宾厄姆号专用的车站。“海勒姆·宾厄姆”是马丘比丘发现者的名字。海勒姆·宾厄姆号的列车员们在车站的站台上演奏拉丁音乐，迎接乘客。乘客一上车就送上欢迎香槟酒，提供最优质的服务。据说，列车员和厨师都是从最高级的酒店派来的。

乘客们在坡罗依站伴随着欢乐的音乐，被送上皮斯科酸鸡尾酒，受到热烈欢迎。

车窗外是一派田园风光。我悠闲地欣赏了一阵子，不久眼前出现了陡峭的山岩。垂直陡峭的山岩从两侧迫近而来，这里是亚马逊河的支流乌鲁班巴河峡谷。行至中途，并行的道路也消失了，只剩下湍急的乌鲁班巴河和通往马丘比丘的铁路。我不由心中佩服，秘鲁人竟然在如此险峻的地方建造了铁路。

在坡罗依站等待发车的豪华列车海勒姆·宾厄姆号

在餐车享用的早午餐巧妙地采用了驼羊、玉米等秘鲁特有的食材，十分美味。配上当地的皮斯科酸鸡尾酒，相得益彰。

从马丘比丘眺望乌鲁班巴河和停车中的列车。

在飞驰的海勒姆·宾厄姆号上眺望乌鲁班巴河的急流。

去程车内提供午餐，返程提供晚餐。

世界遗产马丘比丘。印加帝国的要塞遗迹，建造在险峻的断崖绝壁的山顶上。

列车终于到达了一个没有站台、如同小巷深处的地方，这里就是终点马丘比丘站。我直接跳下列车，换乘巴士，奔赴目的地。巴士经过18个U形急转不断攀爬，空中城市便在眼前。

从观景平台眺望隧道。

海勒姆·宾厄姆号到达马丘比丘站。

库斯科古城

安第斯探险者号

City of Cuzco

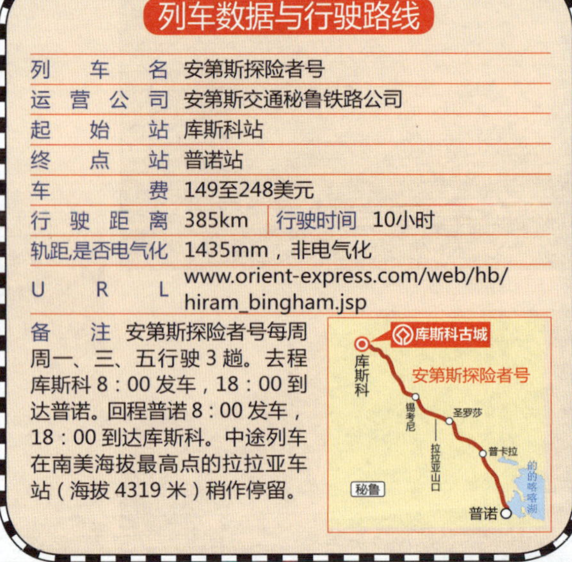

列车数据与行驶路线

列车名	安第斯探险者号
运营公司	安第斯交通秘鲁铁路公司
起始站	库斯科站
终点站	普诺站
车费	149至248美元
行驶距离	385km | 行驶时间 10小时
轨距,是否电气化	1435mm，非电气化
URL	www.orient-express.com/web/hb/hiram_bingham.jsp

备注 安第斯探险者号每周周一、三、五行驶3趟。去程库斯科8：00发车，18：00到达普诺。回程普诺8：00发车，18：00到达库斯科。中途列车在南美海拔最高点的拉拉亚车站（海拔4319米）稍作停留。

安第斯探险者号行驶在的的喀喀湖畔的港口城市普诺与印加帝国古都库斯科之间。普诺海拔高达3855米，库斯科高达3400米，因此需要特别注意高原反应。而且，途径海拔4319米的拉拉亚（La Raya）山脊，是这条路线赐予游客们的特别礼物。2006年中国青藏铁路开通之前，这条路线是世界上铁路通行的最高处。为了预防高原反应，青藏铁路的列车车厢采用了航空技术的密封空间，并且配备了供氧装置。然而，这里的列车不仅车窗可以打开，还有开放式的观光车厢。可以说，这是世界上氧气最稀薄的列车。

在拉拉亚山脊站演奏安第斯音乐的美女姐妹。

离开普诺6小时后，周围的风景已经迥然不同。车窗外可以看到荒无人烟的草原上成群的驼羊吃着草，周围既无人家，也无树木，只见远处白雪皑皑的安第斯山群峰。

安第斯探险者号停在海拔4319米的拉拉亚山脊站。

列车在小小的无人站稍作停留。这个车站正是世界铁路最高点拉拉亚山脊站。列车在此停留15分钟，这里没有站台，我直接跳到铁轨旁。站前的市场上摆放着安第斯手工艺品。但是我觉得无法呼吸，于是马上回到

世界遗产库斯科古城。前方的广场是位于库斯科中心的兵器广场，正面的建筑是大教堂。

兵器广场和大教堂的夜景

库斯科市内保留下的印加十二角形石头。

秘鲁铁路纪念品帽子

高原反应特效药古柯茶

了列车上。

库斯科古城建于11、12世纪，15世纪经历了印加帝国全盛期，作为首都繁荣起来，直至16世纪帝国灭亡。据说当时城中遍布用黄金装饰的宫殿和神庙，但是后来遭到西班牙军队的破坏，最终西班牙式建筑取而代之。这趟列车到达库斯科时，夜幕已经降临。

大教堂前穿民族服装的孩子们

全长360米的萨克萨瓦曼圆形古堡

巴西

里约热内卢

科尔科瓦多山登山电车

Rio de Janeiro: Carioca Landscapes between the Mountain and the Sea

列车数据与行驶路线

列车名	科尔科瓦多山登山电车
起始站	维罗区站（cosme velho）
终点站	山顶
车费	往返：45雷亚尔
行驶距离	约3.8km　行驶时间　约20分
营业时间	8:30至18:30
轨距是否电气化	1000mm，电气化
URL	www.corcovado.com.br
备注	每30分钟1趟。高度约710米。从老城区可乘坐180、184路公交车到达维罗区站。

巴西
维罗区
科尔科瓦多山登山电车
山顶
科尔科瓦多山
里约热内卢

2012年7月，里约热内卢这座城市被收录进世界遗产名录。提到里约，里约狂欢节享有盛名，实际上她也是个风光明媚、受人欢迎的城市。世界三大优良港口之一的瓜纳巴拉湾、科帕卡巴纳的海滨、科尔科瓦多山（耶稣山）等都值得一去。

我降落在里约热内卢郊外的安东尼奥·卡洛斯·若比姆机场后，赶到了今晚住宿的科帕卡巴纳的宾馆。从宾馆房间的窗户可以眺望整个城市。看到城市背后的山，我吃了一惊。山顶上竟然矗立着一个巨型十字架。为什么在那里建造十字架呢？我觉得不可思议，同时感到佩服，竟然在那样的高处建造了十字架。

铁路采用里根巴赫式齿轨铁路，瑞士制造的登山电车采用双集电弓。

登山电车到达山顶站，在此换乘电梯到达海拔710米的山顶。

次日，为了尽情享受里约的美景，我去科尔科瓦多山观光。上山可以乘坐登山电车。电车是瑞士制造的里根巴赫式，登山电车的齿轮咬合着两根铁轨间的齿轨，爬升陡坡。从山麓的维罗区站乘车后，列车时而擦过民宅低低的屋檐，

世界遗产里约热内卢，可以乘坐电车到达山顶上矗立着的耶稣像脚下。

矗立在科尔科瓦多山顶的耶稣像，总重量达 1145 吨。

满载乘客的登山电车中流淌着歌手的歌声。

登山电车行驶在陡坡上，车上窗户全部打开，十分舒畅。

时而穿越茂密的丛林，不断爬升。约 20 分钟后，到达海拔 710 米的终点科尔科瓦多山。眼前是高达 30 米的巨大耶稣像，脚下可以远眺我住宿的宾馆所在的科帕卡巴纳海滩。真是一派好风光！

“啊！”这时，我忽然叫出声来。昨天在宾馆看到的山和十字架不正是这里的科尔科瓦多山和耶稣像吗？

可以乘坐缆车到达造型奇特的面包山。

从科尔科瓦多山眺望里约市区。

我的海外铁路旅行攻略

每次到达米兰中央火车站就会回想起那不幸的遭遇。

◎失窃后一无所有

“马上到意大利了。和之前去的国家不同，要提高警惕……”

我坐上苏黎世发车、开往米兰的欧洲城际国际特快列车，在发车的瞬间，我这样提醒自己。因为至今为止已经有不少老练的驴友在意大利失窃了。我提高警惕、处处留意，顺利完成了在米兰的采访计划。接下来只要乘坐今晚的特快卧铺车赶往下一个目的地——西班牙的巴塞罗那。退房后，我在宾馆大堂稍事休息。就在这时，放在脚边的，而且是放在两脚之间的摄影包忽然消失了。

包内除了摄影器材、现金 50 万日元、旅行支票 120 万日元，还有欧洲通票等车票，更重要的是还有护照。那是我旅行所带的全部财产，失窃总额高达 350 万日元。

当时我肯定没有打瞌睡，而且我不是一个人，我和一个报社记者在一起。他证明当时我们的沙发旁没有一个人。眨眼之间被窃走，连小偷的脸都没看清。只能说这是职业神偷的高超技巧了。

然而，如今回想起来，应该是可以避免的。如果用双脚夹住放在双脚间的摄影包，就不会被偷走了。或者把摄影包的肩带套在脚上，被偷的一瞬间就会察觉到。不，如果是职业神偷，

宏伟的米兰中央站是墨索里尼下令建造的。

夜车发车时要特别注意保管好行李。

君子不近险地，看到我有所防备，一定不会靠近。

我懊恼地左思右想，如果当时加强防范措施就好了。但是我面对的现实是，被偷的东西再也不会回来。失窃后一无所有了。

“岩钉钢环”是护身符

在意大利失窃后，居住在洛杉矶的朋友送了我一个“岩钉钢环”。这是一种登山用品，用来连接钉入岩石的楔钉和登山绳。这种钢环轻巧牢固，那么我是如何使用的呢？在火车终点站等人群密集的地方，可以把摄影包和裤子的皮带连接起来。不仅可以防止被抢夺或偷窃财物，而且据说职业小偷往往会就此放弃作案目标。朋友给我的这个钢环，至今仍安装在我的摄影包上。从那以后，没有再失窃过。因此，“岩钉钢环”是我的护身符。

听说职业小偷能通过行李箱等旅行的箱包，一眼就辨认出日本游客（即有钱人）。日本人往往使用崭新的行李箱、衣服和背包，而且都是一流的名牌。而欧美游客一般使用黑色背包。关键是行李箱包要不引人注目，看上去不像日本人所有。因此，我的行李箱也选用了黑色背包。

布制轻巧的这种背包能轻而易举地放置在列车的行李架上。欧洲的列车在车门附近有行李箱架，很多乘客把行李放在那里，但我想尽量把行李放在视线范围内。放在通道的话，妨碍乘客行走，所以最佳位置是头顶上的行李架。因此，行李分量轻、大小能放在行李架上是火车旅行最重要的原则。

我的至宝“岩钉钢环”，旅行中的护身符。

另外，火车内的失窃往往发生在发车的一瞬间。因为小偷在停车时作案，在发车的瞬间下车，“火车把受害者带走了，而小偷却留下了”，可以说是成功率非常高的作案方法。

行李箱放到行李架上，再上锁。

我的海外铁路旅行攻略

德累斯顿中央站。德国的车站没有检票口。

◎检票系统各不相同

铁路系统与日本同样发达的地区要数欧洲了。欧洲各国虽然铁路相通，但是车票系统却各不相同。在A国被视为通常的做法，一旦穿越国界到了邻国B国，可能是不合常理的，甚至会被处以罚金。

“我是外国人，我不知道”，这样说可行不通。因此，让我们暂且把自己国家的做法抛开，学习一下欧洲各国的车票系统。

首先介绍一下比日本简单的几个国家——德国、瑞士、奥地利3国及其周边国家。因为，它们基本没有检票口。尤其是在德国，不仅德国铁路（DB）公司从时速320公里的高速ICE列车到通勤电车都没有检票口，地铁与有轨电车连自动检票口都没有。事先购买车票是基本的原则。因此，在抽查检票时，如果被发现没有票，一切辩解都是白费口舌，会被处以100欧元的罚款。日本的自动检票口很先进，但是一想到承担自动检票机的开发及安装费用的实际上是我们乘客，可以说德国的无检票方式更为合理。

而且，在德国、瑞士、奥地利，即便是快车，往往都可以随意选座。只要座位空着，就可以坐。那么，难道没有指定座位吗？其实只要在窗口提出要求，就可以购买指定座位票，购买后只有该座位显示为指定座位。即便是显示为指定座位，只要不在该指定区间，就可以坐。

相反，法国的高速列车TGV全车对号入座，没有自由座位。乘坐前需要购买指定座位票。即便持有能乘坐国铁全部路线的“欧洲火车通票”、“法国火车通票”，也需要另外购买指定座位票（手续费3欧元），如果不购买就乘车，将被处以20至50欧元的罚金。罚金金额由列车员决定，乖乖接受处罚才是明智之举。

慕尼黑中央站。没有检票口，但服务台很大、很周到。

勿忘打票。

日本的常识在世界上是不合常理的

什么东西在日本的车站站台上没有，而法国、意大利等国却有呢？答案是车票的计时打票机。插入车票就会打上开始使用的时间，但请注意如果没有打票，会被处以罚金。另外，我们去欧洲时往往会使用“欧洲火车通票”，开始使用的那天，如果没有在车站售票窗口盖“确认”章，也会被处以罚金。一听到罚金，不由会有些紧张，但实际上只要循规蹈矩，您就能毫无问题地尽情享受火车旅行。

另外，关于火车晚点的问题，的确在日本列车几乎准确地按照时刻表运行，但您知道有一个国家对于列车晚点，规定了比日本新干线更为严厉的处罚吗？不是瑞士，也不是德国，而是西班牙。

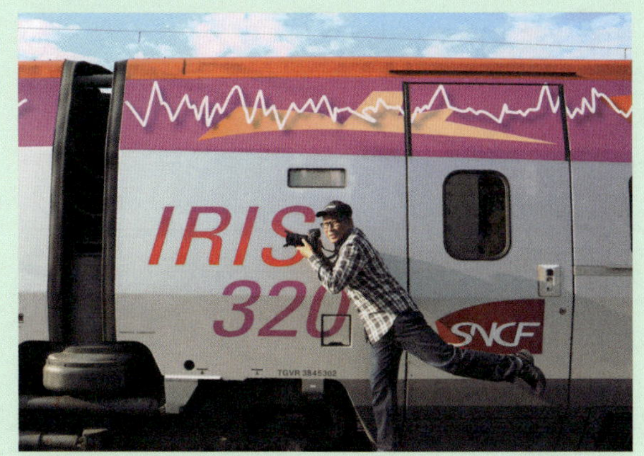

笔者兴高采烈地在法国 TGV IRIS320 列车前留影。

令人惊讶的是，西班牙的高速列车 AVE 塞维利亚线晚点 5 分钟以上全额退款。其他路线晚点 15 分钟退款 50%，晚点 30 分钟以上全额退款。虽然令人难以置信，但事实的确如此，实际上晚点 5 分钟的情况也极少出现。

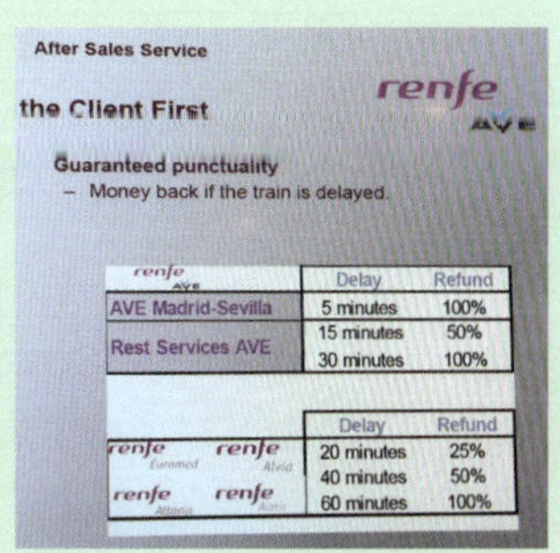

AVE 各线路的退票规则

而日本人引以为傲的日本新干线晚点 2 小时以上才可退票，而且仅退特快车费那一部分，不管晚点多久，不退乘车票。真希望日本能学习一下西班牙的做法，这样想的应该不止我一人吧。

世界上行驶着多种多样、各具特色的火车。每个国家的铁路有各自的魅力，难分高下。像这样充满魅力的列车，如果其目的地同样是充满魅力的世界遗产的话，那简直无可挑剔了！请以本书为一个契机，开始世界铁路旅行，环游世界遗产吧！

樱井宽

坐人气列车游世界遗产　索引

坎特伯雷大教堂（英国）

万里长城（中国）

图书在版编目（CIP）数据

坐人气列车游世界遗产 /（日）樱井宽著；秦衍译.
—上海：上海文艺出版社，2015
ISBN 978-7-5321-5963-5
Ⅰ. ①坐… Ⅱ. ①樱… ②秦… Ⅲ. ①文化遗产－介绍－世界 Ⅳ. ① K103

中国版本图书馆 CIP 数据核字（2016）第 005587 号

责任编辑：胡艳秋
特约策划：潘丽萍
装帧设计：钱 珺

坐人气列车游世界遗产
〔日〕樱井宽 著 秦 衍 译
上海文艺出版社出版、发行
地址：上海绍兴路 74 号
电子信箱：cslm@public1.sta.net.cn
网址：www.slcm.com
新华书店经销 利丰雅高印刷（深圳）有限公司印刷
开本 889×1000 1/16 印张 12 字数 80,000
2016 年 3 月第 1 版 2016 年 3 月第 1 次印刷
ISBN 978-7-5321-5963-5/I・4766 定价：55.00 元